D0993124

LE BONHEUR

Un jour
à la
fois

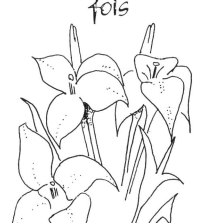

**QUÉBEC
LOISIRS**

LE BONHEUR

Un jour à la fois

© 1995 Les Éditions Modus Vivendi

Textes: Les rédacteurs de Modus Vivendi
Design et illustration de la couverture: Marc Alain
Illustrations intérieurs: Marc Alain
Infographie: Steve D. Perron

Dépôt légal : 1er trimestre 1999
Bibliothèque nationale du Québec
Bibliothèque nationale du Canada

ISBN 2-921556-73-1

Préface

La simplicité des choses

Aujourd'hui, revenons à l'essentiel. Lorsque les intellectuels, les théologiens et les philosophes se sont emparés de la «Vérité», la vie est devenue extrêmement compliquée. Ces penseurs nous ont dit qu'il était impossible de connaître et de prospérer sans emprunter le même chemin qu'eux. Or, si nous suivons cette voie toute tracée, nous acceptons la vérité des autres. Il est préférable de s'écouter soi-même, d'écouter sa propre sagesse. Elle ne ment pas, elle est nôtre. Quand on s'écoute, les choses deviennent beaucoup plus simples.

Nous pouvons prendre conscience des vérités qui nous ont toujours bien servis et en profiter. Nous pouvons également, à partir de ces vérités, fabriquer notre propre code moral et notre propre système de valeurs. En vivant de façon intègre et transparente, en intégrant l'honnêteté, la justice et la sagesse dans nos vies, il nous sera possible de vivre en harmonie et dans la prospérité. *Le Bonheur — Un jour à la fois* est un ouvrage qui porte sur l'éthique, la sagesse et la vérité. Mais l'éthique, la sagesse et la vérité ne peuvent pas être empruntées. On doit plutôt les découvrir par nous-mêmes à travers nos expériences, dans nos rapports avec les autres et par le biais de profondes prises de conscience qui jaillissent de notre for intérieur.

Introduction

I l y a des lois et des principes moraux qui régissent la vie, ici sur terre, entre les humains. L'individu cherche, de tout son être, à créer de la beauté et de l'harmonie dans sa vie et dans la vie des autres. Il tend vers cet objectif tout naturellement, étant donné sa nature fondamentale.

Mais dans sa course effrénée vers le succès matériel, l'approbation des autres et la sécurité financière, l'être oublie parfois de percevoir la beauté et d'adhérer aux principes fondamentaux qui contribuent au bonheur.

Nous pouvons faire confiance à notre capacité de faire les bons choix et ainsi devenir les maîtres ultimes de notre destinée. C'est en s'écoutant soi-même et en mettant en application ses propres règles de comportement que l'être réussit à se hisser au-delà du monde superficiel des apparences, vers la vraie vie, là où les récompenses sont énormes.

En mettant en application certains principes fondamentaux de la vie, l'être peut vivre en harmonie avec les forces vitales qui régissent la terre et l'univers en général. En s'harmonisant à ces principes, l'individu s'allie à la force de la vérité et de la simplicité. Il rencontre ainsi beaucoup moins de résistances et de défaites. En parcourant ce livre, vous serez surpris de la simplicité de ses principes qui prennent ici la forme d'affirmations et de prises de conscience très personnelles. Au fil des pages, vous serez donc libre de choisir les vérités qui sont valables pour vous; elles pourront vous guider dans votre propre démarche vers l'amour, la joie et la sérénité. Bon voyage!

Être

«Être heureux et satisfait n'implique pas de faire ou d'accomplir quelque chose; il faut être, non pas faire.»

— SHARON WEGSCHEIDER-CRUSE
Apprendre à s'aimer

Je comprends maintenant la différence entre faire et être. Il n'est pas nécessaire de faire pour être. Il suffit d'être et ensuite les actions appropriées viendront. Je me suis rendu compte que je ne pouvais pas acheter l'amour ou la loyauté. Je ne pouvais me permettre de faire une série de choses en ayant pour seul but d'être apprécié ou d'être heureux. *Être* demande simplement d'être reconnu et vécu.

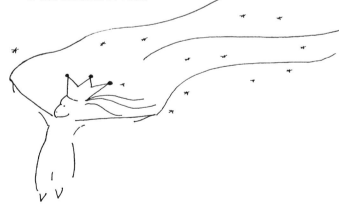

Être soi-même

Je peux être moi-même à tout moment et en toutes circonstances. Les gens qui m'entourent et qui m'estiment sont généralement ravis de constater qui je suis. Être soi-même ne demande pas d'efforts particuliers. Être soi-même c'est être spontané, c'est s'exprimer pleinement, sans retenue. En étant moi-même, je peux faire l'expérience directe des choses et des personnes. Je peux être présent.

J'ai appris à regarder le changement et l'amélioration comme un processus qui me permet de me retrouver. L'être que je suis est tout à fait formidable. En grandissant, j'enlève toutes ces couches qui recouvrent mon être fondamental.

Je respecte ma propre individualité

Je me suis rendu compte que je suis un être tout à fait unique et tout à fait distinct des autres êtres qui occupent une place sur cette planète. Non, je ne suis pas qu'une petite parcelle de l'énergie cosmique mais un être complet et autonome en soi. Je suis capable d'émettre des opinions, de prendre des décisions, de créer des choses, d'être en action. Je suis tout à fait autonome et autodéterminé.

Je sais que je suis d'abord et avant tout, un être spirituel qui existe au-delà de ce corps physique. Je suis un esprit, un être lumineux et puissant qui emprunte un corps. C'est aussi simple que cela. Mais si je passe ma vie à donner raison et à vénérer mon corps et le monde des choses matérielles, je raterai le bateau. Je ne réussirai qu'à m'atrophier et à réduire mon pouvoir réel. Je dois évidemment respecter mon corps physique et l'entretenir convenablement, mais sans être à sa remorque.

Je suis un enfant de l'univers

«Vous êtes un enfant de l'univers, au même titre que les arbres et les étoiles; vous avez le droit d'être ici. Et que cela soit clair ou non pour vous, il ne fait aucun doute que l'univers s'épanouit comme il se doit.»
— MAX EHRMANN
Desiderata

Aujourd'hui, je prends ma place car je me rends compte que j'ai pleinement le droit d'être ici et de profiter entièrement des choses et des événements de la vie. J'ai le droit d'être ici, en communication avec les miens. Je peux me faire voir et me faire entendre. Je peux faire bouger des choses et même commettre des erreurs. Ces droits me reviennent, tout simplement.

Mon caractère divin

«Nous sommes tous ici pour dépasser nos premières limites, quelles qu'elles soient. Nous sommes ici pour reconnaître notre caractère magnifique et divin, peu importe ce qu'il nous dit.»

— LOUISE HAY

J'accepte maintenant le fait que je suis ici pour grandir, pour aimer et pour apprendre. Je ne suis pas venu pour accumuler des choses matérielles, pour faire des conquêtes et pour planifier ma retraite. Je suis ici pour contribuer à mon épanouissement et à l'épanouissement des autres.

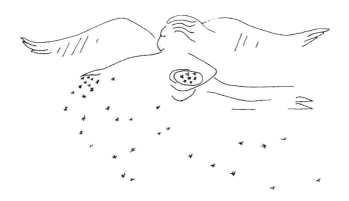

Mon savoir profond

Avec le temps, j'ai appris que je dois donner toute l'importance et toute la valeur à mon savoir profond. Je me suis rendu compte que la plus grande vérité, c'est ce que je connais par la voie de mes expériences, de mes sens et de mon savoir. Il n'y a aucune vérité plus vitale et plus manifeste que le savoir qui émane de mon for intérieur. Je sais que je dois toujours être à l'écoute de moi-même, de mes sentiments et de mes perceptions. De cette façon, je serai toujours fidèle à mon être fondamental et à mes principes.

Mon chemin

Je sais que je suis un être individuel et donc que mon chemin est mon chemin, que mes pensées sont mes pensées et que mes actions sont mes actions. En reconnaissant et en respectant mon individualité, je donne de la force et de la certitude à mes décisions et à mes actions. Mon individualité me confère également une grande responsabilité: *je suis responsable de mon propre bonheur et de ma croissance personnelle.*

Je me réjouis pleinement de mon individualité et j'accepte le défi et la responsabilité de parcourir mon propre trajet. Je sais qu'en m'accordant la première place et en faisant le choix de suivre mon propre chemin et mon savoir profond, je vais toujours bien vivre et ne manquerai de rien. Dans la vie, on reçoit des conseils, des vérités et des idées de toutes sortes. Je suis à l'écoute des autres mais je sais que je dois surtout être à mon écoute, ainsi qu'à celle de mes propres idéaux. Plus je développe cette capacité à m'écouter, plus je suis fidèle à moi-même. Aujourd'hui, je parcours mon propre chemin.

Se tailler une place dans le monde

J'aperçois maintenant le monde autour de moi. Tout un monde de vie et de mouvement existe. En regardant tout autour de moi, je l'entrevois avec un certain détachement. Je prends une certaine distance pour être en meilleure position de voir, de capter, de comprendre la vie et les êtres de cette planète. Je serai alors en mesure de me tailler une place de choix dans ce monde fascinant.

Choisir

«Un jour, votre cœur se dira lui-même quoi faire.»
— ACHAAN CHAH

Aujourd'hui, je prends le temps de choisir en fonction de mes besoins et des besoins réels des situations. À cause de mon passé, je me suis parfois laissé bousculer par les demandes et les besoins d'autrui. J'ai fait des choix hâtifs qui ont ensuite affecté ma vie. Maintenant, je sais que je peux dire «oui», «non», «peut-être» ou «je ne suis pas en mesure de décider maintenant». Je me donne le luxe de choisir à mon rythme. Aujourd'hui, je m'écoute.

À partir de maintenant, je considère que mes choix sont intelligents et importants. Je prends le temps de faire les bons choix qui s'imposent pour moi, et j'en suis fier. Je me fais confiance et je me concentre à choisir sagement, sans hâte.

Apprendre à penser par soi-même

Je me suis rendu compte que mon actif principal dans cette vie était de savoir penser par moi-même en cherchant à comprendre les choses et les êtres. Je respecte ma capacité d'apprendre, de penser librement et de savoir.

Dans le passé, apprendre était pour moi quelque chose d'effrayant et d'inconnu. Je croyais aussi que ce que je pensais n'était pas réellement important. Aujourd'hui, je prends conscience de l'importance de ma pensée et du fait que je suis un être unique et créatif. Lorsque je pense par moi-même, j'affirme mon indépendance et ma capacité d'être ce que je suis.

Je profite de ma liberté

Je suis un être libre. Je suis libre d'explorer, de prendre des risques, d'être spontané et de faire ce qui est nécessaire. La liberté de choix et d'action implique une plus grande fidélité à soi-même et à ses principes.

Ma liberté se manifeste dans mon imagination, dans ma capacité de choisir et dans ma liberté d'expression et d'action.

J'aime la personne que je suis

«Lorsque l'on s'aime réellement, que l'on s'approuve et que l'on s'accepte tel que l'on est, alors tout fonctionne dans la vie. C'est comme si de petits miracles surgissaient de partout.»

— LOUISE HAY

J'aime la personne que je suis et celle que je suis en voie de devenir. Je possède tous les talents et les attributs nécessaires pour réussir. Je me félicite d'être la personne merveilleuse que je suis. Aujourd'hui, je continue d'éloigner les ennemis de mon amour-propre. Ces ennemis sont divers et prennent des formes variées: des commentaires dévalorisants, des êtres qui sèment la confusion et le doute quant à mon intégrité personnelle ou qui favorisent des relations de dépendance. Pour renforcer mon amour-propre, je me donne des outils: le travail, la communication, l'exercice, l'accueil de mes sentiments, l'affirmation de mes besoins et l'établissement de bornes personnelles bien définies. Il n'est pas nécessaire de faire des choses particulières pour être aimable ou pour être aimé. Je suis digne de recevoir et de donner de l'amour. Je peux m'aimer car *je suis* et parce que tout être vivant mérite d'être aimé.

S'accepter sans réserve

«Je dois m'accepter progressivement comme je suis — sans cachette, sans déguisement, sans fausseté et sans rejet d'aucune facette de moi-même — et sans jugement, sans condamnation ou dénigrement d'aucune facette de moi-même.»

— COLLECTIF
Retrouver l'harmonie en soi

Il y a eu un moment dans ma vie où je ne pouvais plus vivre pour les autres ou en fonction de l'approbation des autres. Il y a eu un moment où j'ai compris que je devais m'accepter comme je suis et m'accueillir pour pouvoir poursuivre mon évolution. C'est en m'acceptant tel que je suis que je peux vivre en harmonie. C'est en me prenant par la main et en me souhaitant la bienvenue que je peux être heureux. Je suis un être d'une grande valeur. Je peux m'aimer. Je peux me gâter et me dorloter. Je peux me donner la permission de vivre, de rire et de m'amuser. Je peux faire des choix qui contribueront à mon bien-être et à mon épanouissement. Je peux apprendre, grandir et me transformer. Je mérite une vie remplie d'amour, de joie et de plaisir. Je mérite d'avoir de bons amis qui m'estiment et qui veulent mon bien. Je mérite que l'on me reconnaisse, que l'on me respecte et que l'on m'admire. Je suis un être d'une grande valeur.

Je peux me donner toutes les belles choses de la vie

Je vois comment j'ai placé des limites sur ce que je pouvais ou ne pouvais pas avoir. J'ai longtemps vécu avec un profond sentiment de manque. Cette attitude de ne pas pouvoir avoir telle ou telle chose, telle ou telle relation, n'a servi qu'à miner ma capacité d'avoir et de conserver. Aujourd'hui, je me donne la permission d'avoir. Je laisse venir à moi les choses et les relations.

Apprendre de ses erreurs

Je me suis pardonné pour les erreurs du passé. Ce qui est passé est passé. Alors, je dis adieu aux erreurs du passé.

Je sais que je suis ici pour apprendre, pour grandir et pour faire l'expérience de la vie. Alors, j'accepte que les erreurs fassent partie de la vie. Lorsque je fais une erreur, je l'utilise pour apprendre et pour réajuster mon tir. Maintenant, j'accepte que l'erreur fasse partie de mon cheminement.

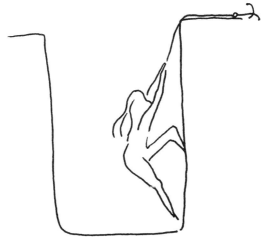

Vivre toutes les expériences

Aujourd'hui, je suis ouvert à toutes les expériences. Je suis disposé à les vivre toutes. Je sais que je n'ai rien à craindre et rien à fuir et que je peux me faire confiance sans réserve. Je sais aussi que les zones et les expériences auxquelles je résiste me possèdent et me pourchassent. Aujourd'hui, j'arrêterai de fuir et j'accueillerai toutes les expériences et tous les aspects de ma vie.

J'accueille maintenant tous mes sentiments. J'ai appris que les sentiments auxquels je résiste finissent par me posséder et par me déranger encore plus. Je suis capable d'avoir des sentiments et de les exprimer librement en compagnie d'amis. Lorsque je tente de freiner ou d'arrêter le mouvement naturel de mes émotions, j'emprisonne l'énergie à l'intérieur de moi. Je laisse donc libre cours à mes émotions.

D'où vient le désespoir ?

«Nos préoccupations devraient nous mener vers l'action, non la dépression.»
— KAREN HORNEY

Trop de gens se dépriment devant les préoccupations actuelles. C'est vrai qu'il y a beaucoup à faire pour rendre ce monde meilleur. Cependant, participer à l'amélioration est déjà un pas vers l'atteinte de ce but. Nos actions ont parfois un effet entraînant. Aujourd'hui, je participe à changer pour le mieux ce qui se présente à moi.

Je me réjouis d'être ici, maintenant

«Hier n'existe plus. Demain ne viendra peut-être jamais. Il n'y a que le miracle du moment présent. Savourez-le. C'est un cadeau.»

— MARIE STILKIND

Je me réjouis d'être ici, maintenant. J'ai dû traverser des étapes difficiles, mais à présent, j'essaie d'être en mesure d'affronter toutes les adversités et toutes les situations en conservant mon sang-froid et ma raison. Je suis maître de ma vie et de mon destin. Aujourd'hui annonce le début d'une merveilleuse nouvelle aventure.

À présent, je me rends compte que le passé, c'est le passé. Je possède le moment présent et j'ai la capacité de voir et d'imaginer mon avenir. Cette vision me permet de me façonner et de me créer une place de choix dans ce monde.

Le pouvoir de mes rêves

Aujourd'hui, je me permets de rêver et je cherche à réaliser mes rêves. Lorsque j'étais beaucoup plus jeune, j'avais toutes sortes de projets et toutes sortes de buts. J'imaginais ma vie et mon avenir et je me nourrissais de mes rêves. Je pouvais, il me semble, me voir grandir et atteindre mes buts et cette faculté de rêver me permettait de construire et de choisir. Et surtout, cette capacité de rêver me permettait de m'élever au-delà des ennuis et de la banalité de la vie quotidienne. Mais progressivement, mes rêves se sont estompés et j'ai cessé d'exercer ma capacité de rêver. Je reconnais maintenant que je cesse de vivre et de connaître des expériences créatives à partir du moment où je cesse de rêver.

Aujourd'hui, je nourris mes rêves. Aujourd'hui, je laisse aller mon imagination et je vois mon avenir idéalisé se dérouler devant mes yeux. Cette capacité de créer des rêves me donne espoir et m'inspire dans ma vie quotidienne. Aujourd'hui, je rêve et je cherche à réaliser mes rêves.

La magie du silence

J'ai toujours senti qu'il y avait une forme de magie dans le silence. Le silence est vivant et actif. Le silence laisse apparaître tout ce qui est possible, tout ce qui ne se manifeste pas dans la cacophonie de la vie de tous les jours. Mon cœur et mon âme cherchent le silence pour pouvoir se manifester, pour pouvoir me parler. Dans les moments de tranquillité et de silence, je retrouve mon calme et mon courage. Je recherche donc, à chaque jour, ces petit moments de silence.

À la fin d'une journée très active, je me réserve quelques moments. Parfois je prie et parfois je prends ce temps pour penser tout simplement. Aujourd'hui, je me donne des moments de silence et je les savoure car je sais que dans ces moments-là, je me retrouve.

Les frontières de l'âme

Il existe une distance, un espace entre toi et moi. Je suis moi et tu es toi. J'ai mes points de vue, mes opinions et mes désirs qui sont différents des tiens. J'ai le droit d'être qui je suis, d'avoir mes propres pensées et de vivre mes propres émotions et tu as les mêmes droits. Je respecte le fait que tu fasses tes propres choix. Tu dois aussi accepter que je suis libre de prendre mes propres décisions.

J'ai appris que l'amour et le partage se réalisent seulement dans le respect des frontières de l'autre et dans l'affirmation de mes propres frontières. Lorsque je construis un espace sécurisant autour de moi, je peux vivre plus paisiblement, sans crainte et sans confusion. Dès aujourd'hui, je fais la différence entre ce qui est moi et ce qui est toi.

Je suis de plus en plus conscient
des conséquences de mes actes

Les actes que je pose ont des conséquences et j'en suis conscient. Comme les actes de ceux qui m'entourent peuvent m'affecter, je réalise que mes propres actes ont des répercussions autour de moi. Être conscient des actes que je pose est important et nécessaire. Cela me permet de constater comment une simple blague peut affecter les gens que j'aime, et comment il est important de poser des gestes positifs dans ma vie.

Ce que je dis et ce que je fais touchent mon entourage. Je dois identifier les motifs qui me poussent à dire certaines choses ou à poser certains gestes. En identifiant ce qui me motive à agir de telle ou telle manière, j'augmente la qualité de mes relations.

Aujourd'hui, j'ouvre mes yeux, mon cœur et mon esprit. Aujourd'hui, je reconnais que chacun de mes gestes est important. Je suis sensible aux conséquences de mes actes sur autrui.

Je suis venu ici pour aimer et pour apprendre

J'ai le profond sentiment d'être venu ici pour aimer et pour apprendre. Voilà l'essence même de ma mission. Je sais que je peux accomplir cette mission fondamentale de bien des façons.

À chaque jour, je dois garder mon esprit ouvert afin d'apprendre de nouvelles leçons. Je dois partager mes connaissances en étant au service des autres. Je dois contribuer au bien-être et au bonheur des gens qui m'entourent. Je ne me donne pas la vie d'un saint mais je demeure toujours conscient de ma propre mission qui est d'aimer et d'apprendre.

Aujourd'hui, je sais que ma vie a un sens, lequel émane de cette mission d'aimer et d'apprendre à tous les jours.

Mon individualité

Je peux affirmer que:

* je suis tout à fait différent des autres;
* je possède des qualités qui me sont propres ;
* je prends mes décisions par moi-même.

J'accepte ma profonde individualité. Lorsque j'étais plus jeune, je ressentais une différence entre moi et les autres personnes. Parfois, cette individualité me faisait plaisir et parfois elle me causait un grand trouble. Mais avec le temps, je me suis rendu compte que cette individualité puisait sa source dans quelque chose de très profond. Je suis moi-même et bien tel que je suis. L'individualité est ce qui rend la vie plus intéressante et colorée. Aujourd'hui, j'accepte mon individualité et celle des autres.

Retrouver l'enfant intérieur

On parle de plus en plus de retrouver l'enfant en soi. Pour moi, cela signifie reprendre contact avec la personne que je suis véritablement. Je sais qu'en vieillissant, j'ai pris des habitudes et quelques rides. Mais je sais faire la différence entre ce qui est moi et ce qui ne me ressemble pas. Retrouver l'enfant en moi signifie être spontané, présent et authentique. Aujourd'hui, je laisse paraître mon être véritable, l'enfant en moi.

Être fidèle à soi-même

«La fidélité est la seule monnaie d'échange qui garde sa valeur dans le temps.»
— FRANÇOIS GARAGNON
Bréviaire de l'homme d'action

La fidélité est une valeur très noble. Être fidèle dans le cadre d'une relation affective ou professionnelle démontre notre maturité et notre valeur fondamentale comme ami ou associé. C'est en étant fidèle et en se montrant digne de confiance que l'on peut bâtir des relations solides qui résistent à l'épreuve du temps.

Mais avant d'être fidèle à autrui, on doit tout d'abord être fidèle à soi-même, à ses valeurs, à ses principes et à sa propre expérience des choses. Être fidèle à soi-même, c'est reconnaître son propre droit de choisir. C'est reconnaître et apprendre de ses erreurs; c'est se récompenser pour ses bons coups. Être fidèle à soi-même, c'est s'écouter et écouter son cœur. C'est avoir le courage de ses convictions et la force de ses choix et de son individualité. Aujourd'hui, je suis fidèle à moi-même.

La pensée positive

Je n'ai pas toujours cru que la pensée pouvait influencer mon vécu. Je croyais que la pensée positive était une façon de camoufler ou de recouvrir la vérité. Si les choses allaient mal, c'était que les choses allaient mal, et tout cela était hors de mon contrôle. Mais j'ai découvert que ma façon de voir les choses influençait directement mon expérience de la vie. Il y a quelque chose d'a priori, qui vient avant l'action et l'expérience, et ce sont mes attitudes.

Aujourd'hui, je me donne une attitude positive. Je me donne les attitudes d'un gagnant. Je me dis que malgré toutes les difficultés, toutes les embûches, je peux réussir. Je possède tous les outils, tous les talents et tout le courage pour réussir. Je peux transformer une défaite en victoire.

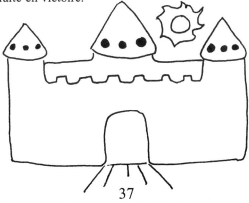

Le cœur généreux

*«Si un homme aveugle aidait un boiteux à marcher,
les deux avanceraient.»*

— PROVERBE SUÉDOIS

La bonté n'a rien à voir avec la peur de ne pas être
aimé, elle est issue d'un cœur généreux. Je ne démontre pas que je suis bon afin que chacun le sache, je le
suis naturellement.

Être bon et aimer les autres représentent une autre
manière d'extérioriser mon être véritable. Je suis un
être bon et généreux. Aujourd'hui, je n'ai qu'à
m'écouter pour entendre la raison. Je rends service
aux autres et je le fais avec plaisir.

Le plaisir

«Actuellement, il semble que nous possédions un besoin inné de modifier périodiquement l'état de notre conscience; que ce soit par nos rêveries quotidiennes, nos rires, les sports que nous pratiquons, les projets sur lesquels nous nous concentrons ou le simple fait de dormir. Un autre état modifié et aussi un grand besoin est intimement lié à cela: avoir du plaisir et s'amuser. De nombreux enfants provenant de familles dysfonctionnelles arrivent difficilement à relaxer et à s'amuser. L'aptitude d'être spontané et de s'amuser est un besoin et une caractéristique de l'Enfant intérieur.»

— CHARLES L. WHITFIELD
L'Enfant intérieur

J'ai longtemps cru que je devais garder mon sérieux et qu'il y avait un caractère spirituel à la souffrance. Il semble que j'avais établi une relation entre la croissance et la souffrance. Souffrance était devenue synonyme de noblesse. Mais j'ai éventuellement constaté que la souffrance n'était pas forcément porteuse de transformation et surtout ne menait pas vers le bonheur et la sérénité. Aujourd'hui, j'accueille toutes les expériences et je laisse une grande place à la joie et au plaisir. Je cherche les moments de jeux et de partage joyeux.

Les jeux

Ma vie était devenue une lutte perpétuelle pour la survie. Je sentais que les gens étaient généralement contre moi et tentaient intentionnellement ou inconsciemment de nuire à mon évolution. Il n'y avait pas vraiment de joie réelle mais seulement quelques moments de répit, ici et là, au cours de cette vie difficile qu'était la mienne. J'avais l'impression d'être piégé.

Je suis parvenu à comprendre que les jeux et le plaisir font partie de la vie. Je me donne le droit de m'amuser. Aujourd'hui, je vois la vie comme une partie de plaisir qui offre plusieurs jeux différents et je choisis ceux auxquels je veux jouer.

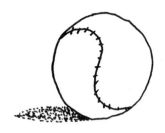

Caché derrière l'échec

Derrière chaque non se cache un oui. Derrière chaque échec se dissimule une victoire. Nous pouvons apprendre beaucoup plus de nos échecs que de nos succès car derrière l'échec, se trouve tout ce que nous n'avons pas compris, tout ce que n'avons pas voulu accepter, tout ce que nous ne voulions pas voir ou entendre. Lorsque j'accueille l'échec et que je suis disposé à entendre les secrets qu'il cherche à me livrer, je suis ouvert à la croissance et à l'apprentissage. Aujourd'hui, je sais que l'échec est éventuellement une plus grande victoire. L'échec me rappelle à l'ordre et me pousse plus loin. Devant l'échec, je deviens curieux et non défait.

Le pouvoir de la vérité

«...aussi longtemps qu'il y aura une distinction entre ce qui devrait être et ce qui est, les conflits surviendront systématiquement, et toute source de conflit est un gaspillage d'énergie.»

— KRISNAMURTI

Il existe une valeur sûre dans cet univers: le pouvoir de la vérité. La vérité cherche constamment à se manifester. Elle existe dans tous ce qui nous entoure. Graduellement, j'apprends à la déceler. Que ce soit dans mes relations ou en ce qui me concerne personnellement, je place la vérité au premier rang de mes valeurs. De cette manière, je sais que vérité est synonyme de liberté. En étant vrai, je suis libre.

Aujourd'hui, je fais de la vérité ma priorité. Je vois les choses telles qu'elles sont et je fais face à la vérité. Je suis honnête envers moi-même et les autres et j'en suis fier.

Regarder les choses en face

J'ai compris que je devais apprendre à regarder les choses en face. Je pars avec l'intention d'affronter les difficultés, de résoudre les problèmes et de voir clairement. En voyant les choses clairement, je peux agir logiquement jusqu'à l'aboutissement souhaité d'une situation. En confrontant les obstacles directement, je deviens plus fort et moins dépendant de mon environnement et des diverses situations de la vie. Les craintes et les peurs du passé s'évanouissent devant la réalité. Regarder les choses en face me permet de faire le point afin de prendre les bonnes décisions.

Aujourd'hui, je ne cherche par à m'obstiner ou à m'imposer mais simplement à voir les choses telles qu'elles sont. Comme la noirceur ne résiste pas à la lumière, la vérité fait fondre le mensonge et la déception.

J'observe ce qui est évident

«Il n'y a de repos que pour celui qui cherche. Il n'y a de repos que pour celui qui trouve.»

— RAÔUL DUGUAY

Parfois, je suis bouleversé parce que j'ai oublié de simplement regarder ce qui était là. Je me suis créé des chimères en ne croyant que ce que j'avais entendu au lieu d'aller voir par moi-même ce qui était réellement là. Combien de fois me suis-je rendu malheureux à écouter sans me donner la peine d'observer.

Maintenant que je réalise cette chose importante, je décide d'observer et de voir par moi-même.

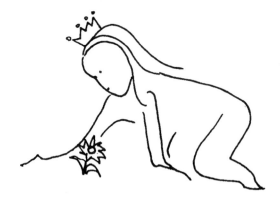

Lâcher prise n'est pas se laisser aller

Aujourd'hui, je me dis que la vie peut ressembler à une danse. C'est en ayant une intention claire et une grande capacité d'ajustement que je peux atteindre mes objectifs. Lâcher prise signifie pour moi: abandonner cette idée que je vais pouvoir tout contrôler ou tout éviter. Et c'est accepter d'exercer une influence et un contrôle souple et intelligent sur les choses et les événements. Alors, au lieu de tenter d'exercer un contrôle rigide et d'utiliser une force brute, je tente plutôt de m'harmoniser à la dynamique inhérente aux événements. Aujourd'hui, je joue et je danse avec les diverses situations de la vie.

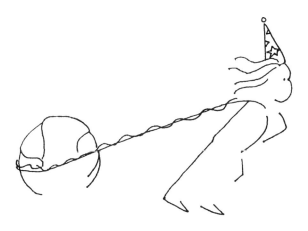

La réponse est en moi

«Cherchez toujours la réponse en vous. Ne soyez pas influencés par ceux qui vous entourent, ni par leurs pensées, ni par leurs paroles.»

— EILEEN CADDY

Maintenant, je cherche en moi les réponses aux problèmes importants de la vie. Personne ne peut mieux me conseiller que moi-même car je sais où je suis, qui je suis et où je vais. Chaque individu possède ses opinions et ses expériences et celles-ci peuvent parfois éclairer mon chemin par l'entremise de conseils pratiques. Néanmoins, je suis responsable de mon destin et de mes actes et je dois accepter pleinement d'être mon guide principal dans ce trajet de la vie.

L'honnêteté

J'intègre l'honnêteté dans ma vie de tous les jours. J'ai compris, avec le temps, que la franchise envers soi-même et envers les autres est essentielle au bonheur et à la réussite. Il est important que je sois honnête avec moi-même et que je communique directement avec mes parents, mes amis et mes associés. L'honnêteté est pour moi une grande source de plaisir. À chaque fois que je suis honnête avec moi-même ou les autres, je sens que j'ai une grande valeur et que je me respecte.

Aujourd'hui, je sais faire la différence entre la vérité et le mensonge. Je choisis de vivre dans l'honnêteté et la franchise.

Le courage

Je suis courageux et je remarque que le courage est la clef de la croissance et de la transformation. Lorsque l'on cherche à dépasser ses limites, à franchir les barrières de la vie, on est immédiatement confronté à la peur et à l'humiliation de l'échec. Mais quelle victoire ou quelle joie y a-t-il pour celui qui n'ose pas? Je prends mon courage à deux mains et je fonce vers l'avant car je sais que je peux compter sur moi. Je sais aussi qu'une vie sans risque n'en est pas vraiment une. Il vaut mieux mourir debout que vivre à genoux.

La source réelle des problèmes

En reconnaissant le pouvoir de la vérité, je peux toujours identifier la source réelle de mes problèmes. En réalité, un problème n'est qu'une chose à laquelle je ne veux ou ne peux faire face. Un problème est quelque chose que je refuse d'affronter. Je ne peux contrôler ce que j'évite ou ce à quoi je résiste.

En saisissant la nature fondamentale du problème, je peux le résoudre. J'ai la capacité de trouver des solutions aux problèmes que je vis. Je prends le temps de considérer mes solutions. Je passe ensuite à l'action pour régler la situation.

Je cherche à identifier les sources réelles de mes problèmes et de mes ennuis. Avec le temps, je me suis rendu compte que si un problème ou une situation difficile persiste, c'est que je n'ai pas été en mesure de bien en cerner la source. Je n'ai qu'à regarder attentivement et être vraiment à l'écoute de la vérité. Éventuellement, je serai en mesure de cerner les vraies causes.

La lumière en moi

«Ce que l'on crée en soi se reflète toujours à l'extérieur de soi. C'est là la loi de l'univers.»
— SHAKTI GAWAIN

On vit dans un monde à l'envers. Ce qui est valorisé, ce sont les apparences: l'âge de la personne, son état physique, la richesse de sa demeure, le modèle et le prix de son automobile. En réalité, ces facteurs ne sont pas très importants. Au plus, ils peuvent indiquer qu'une personne a bien réussi sur le plan matériel ou est en bonne forme physique (ce qui n'est pas mauvais en soi). Cependant, si nous possédons tous les biens matériels et toute la beauté physique mais que nous ne sommes pas réellement heureux et profondément satisfaits, nous vivons dans un état de dégradation.

Aujourd'hui, j'investis sur mon éveil et ma croissance comme être spirituel car je sais que c'est une valeur sûre.

Ce que je poursuis me fuit

Lorsque je poursuis quelque chose avec acharnement, sans me rendre compte de sa nature, j'ai tendance à faire fuir cette chose. Il est préférable d'être réceptif et d'attendre le bon moment plutôt que de tenter de s'imposer.

Le temps est malléable. J'aurai bientôt ma chance, donc je ne suis pas impatient. Je prends ma décision, j'attends le bon moment et... il vient. Si je sais qu'il me manque une chose ou que quelque chose me semble hors d'atteinte, j'imagine le résultat souhaité, je prends ma décision et ensuite je passe à l'action.

Avoir raison à tout prix

Aujourd'hui, je m'éloigne de plus en plus de ces situations où je dois avoir raison à tout prix. Lorsque je me trouve dans ce genre de situation conflictuelle, je sais qu'il y a quelque chose que je ne peux pas admettre. Je dois donc prendre un peu de recul pour voir plus clairement ce que je refuse d'affronter.

Aujourd'hui, je sais que je peux avoir raison et que je peux avoir tort. Il n'est pas nécessaire pour moi d'avoir raison à tout prix. Je peux laisser aller. Je peux donner raison à l'autre si je le choisis. Aujourd'hui, j'ai la flexibilité d'avoir raison ou non. Ultimement, je reconnais que je peux gagner une bataille mais perdre la guerre. Donc, je surveille bien chaque situation et je ne me laisse pas emporter par le besoin d'avoir raison à tout prix.

Être vrai

«Sois vrai envers toi-même; et, comme la nuit vient après le jour, tu ne pourras être faux envers autrui.»
— WILLIAM SHAKESPEARE

Je suis fidèle à mes principes, à mes idéaux et à mes rêves. Je sais ce qu'il faut faire pour me sentir bien avec moi-même. À chaque moment et dans chaque contexte, j'applique des règles de comportement simples, des règles qui m'ont toujours bien servi. Je suis cordial, honnête et juste envers moi-même et envers les autres. Je sais que pour vivre heureux, je dois développer des relations ouvertes et satisfaisantes avec les gens qui m'entourent. Je peux être patient et aimant avec les autres, même lorsqu'ils font des choses qui me déplaisent car je comprends que la vie n'est pas toujours facile. Je ne plonge pas dans la colère, la jalousie ou la haine car ce n'est pas dans ma vraie nature.

Admettre ses torts

Il me faut être honnête avec moi-même. Je dois être capable d'admettre mes torts. Admettre ses torts ne signifie pas «être coupable». Cela signifie plutôt: assumer la responsabilité de nos actes, donc, admettre que ce qu'on a fait, on l'a fait. Rien d'autre n'est nécessaire.

J'ai la capacité d'admettre mes torts, mes erreurs et les torts que j'ai causés aux autres. Je sais que je n'ai pas toujours raison et que je peux me tromper. En restant ouvert aux opinions des autres, en étant capable de voir les choses sous différents angles, je suis plus en mesure de comprendre et d'accepter la perspective des autres. Je suis en mesure de m'ajuster et de faire en sorte que mon comportement et mes paroles ne soient pas vexants. Je désire vivre en harmonie, je suis donc disposé à reconnaître mes torts.

Une célébration d'amour

«Il existe, à l'intérieur de chacun d'entre nous, un désir insatiable d'aimer, d'être aimé! L'amour que nous recherchons est beaucoup plus que la sensation euphorique des papillons-dans-l'estomac que provoque une nouvelle romance; c'est aussi la consolation ineffable d'être connu dans son for intérieur, accepté et entouré de bons soins. C'est le sentiment profond de paix et de tranquillité d'esprit qui découle d'un rapprochement intime avec un autre être humain.»

— DAPHNE ROSE KINGMA
Le Petit manuel de l'amour

Aujourd'hui, je célèbre l'amour. Le jour de la Saint-Valentin n'a pas toujours été un jour heureux pour moi. Ce jour-là, je prenais conscience de l'état de ma vie affective et je n'étais pas nécessairement très emballé. Mais à présent, je suis prêt à ouvrir mon cœur et ma vie à l'amour. Même si je ne vis pas une situation idéale présentement, je peux semer l'amour dans mes rapports avec les autres. En ouvrant mon cœur et mon esprit à l'amour, j'ouvre ma vie aux autres. Je cherche à créer un climat d'entraide, de communication et de tendresse avec tous ceux qui désirent me connaître et partager ma vie. Aujourd'hui, j'ouvre ma vie à l'amour.

Organiser sa vie

Aujourd'hui, je comprends l'importance de bien organiser ma vie. En me basant sur la vérité, j'identifie toutes mes possibilités. Je planifie ma vie en fonction de mes propres besoins. Je sais que je peux être heureux en étant ce que je suis réellement, et je prends plaisir à décider moi-même de mon avenir.

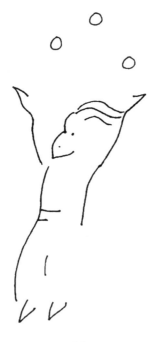

Le bien et le mal

«Permettez à une personne bienveillante de faire des bonnes actions avec autant de zèle qu'une personne malveillante en fait de mauvaises.»
— SHALOM ROCKEACH

Heureusement, j'ai toujours su faire la différence entre le bien et le mal. J'ai toujours possédé à l'intérieur de moi un sens profond qui m'indiquait l'action ou la piste juste. Mais lorsque je me laissais berner par les autres ou par l'intensité du moment, je perdais pied et j'étais incapable de voir clairement. Aujourd'hui, je m'arrête pour écouter et suivre ma sagesse intérieure. Je choisis la meilleure solution en tenant compte de mes principes et de mes valeurs.

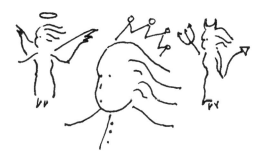

Ouvrir ses sens

Aujourd'hui, je suis à l'écoute de tout ce qui m'entoure. Je prends le temps d'apprécier la vie et je découvre que je suis un être sensuel. Je constate la grande diversité de la vie: le bruissement des feuilles d'un arbre, les couleurs, les ombres et les textures, les arômes des fleurs... Comme des antennes, chacun de mes sens est en éveil. Plus je regarde le monde, plus je m'aperçois qu'il est beau. Je me donne le droit de le découvrir et de l'apprécier.

Faire face aux défis

Je renforce ma capacité de faire face aux obstacles et aux problèmes. Au cours des années, j'ai appris que je devais affronter directement les situations et les difficultés qui survenaient dans ma vie. Parfois, je les avais provoquées et parfois elles semblaient issues d'une source qui m'était étrangère. Néanmoins, j'ai constaté qu'en faisant face aux obstacles directement, je devenais plus fort et moins soumis à mon environnement et aux diverses situations de la vie.

La transformation

«Quand nous sommes en transformation, nous transformons notre conscience et notre éveil. Nous passons d'une réalité à une autre mais en la vivant cette fois. À travers ce genre de changement, nous grandissons et transcendons vers le haut, à des niveaux élevés, puissants, paisibles de notre être. En même temps que nous expérimentons plus de puissance personnelle et la possibilité d'autres choix, nous commençons aussi à prendre nos responsabilités afin que notre vie fonctionne.»

— CHARLES L. WHITFIELD

Aujourd'hui, je me donne tous les outils et tout le support qui me seront nécessaires pour poursuivre et pour réussir ma transformation. J'ai senti dans mon for intérieur que j'allais devoir aller de l'avant parce que je ne pouvais plus accepter la vérité ou la vie d'autrui. Je sais que la transformation est une remise en question mais je suis capable d'assumer ce défi puisqu'elle me mènera vers des sentiers nouveaux, vers le bonheur et la sérénité.

Aujourd'hui, j'accepte la transformation. J'accepte de devenir l'être que je suis véritablement. Je suivrai mon propre chef et j'atteindrai cette sérénité que je cherche depuis toujours.

Être son propre conseiller

«Ne croyez rien, ô moines, simplement parce qu'on l'a dit... Ne croyez pas ce que vous dit votre maître simplement par respect pour lui. Mais si, après examen et analyse, vous jugez le principe bienfaisant, porteur de bonté et de bien-être pour l'ensemble des être vivants, alors croyez-y et faites-en votre guide.»

— BOUDDHA

Je me suis rendu compte que tout un chacun avaient des opinions. Ces opinions et ces points de vue peuvent être très intéressants et porteurs de vérités. Mais je me suis rendu à l'évidence que je devais toujours aller et découvir par moi-même. Je devais faire mes propres expériences, examiner moi-même les faits et, en dernier lieu, tirer mes propres conclusions. Notre société d'experts et de spécialistes nous a rendus moins aptes à chercher par nous-mêmes la vérité. Plutôt, nous avons tendance à nous fier aux jugements, aux analyses et aux théories des autres. Mais en dernier lieu, je sais que je vais devoir vivre selon mes propres principes, mes propres vérités et mes propres valeurs. Pour fonder ces vérités, je vais devoir me lever de mon fauteuil et aller là où elles se trouvent. Aujourd'hui, je respecte l'opinion d'autrui mais je fonde mes décisions, mes valeurs et ma vie sur les vérités que j'ai moi-même expérimentées et testées.

À l'intérieur, il fait chaud

Le mois de février peut être particulièrement difficile. Durant ce mois, l'été nous semble encore très loin. Les gens portent l'hiver sur leur visage et la lumière semble se faire plus rare. Je vois qu'il y a des gens autour de moi qui prennent la vie plus durement et affrontent moins bien les problèmes de tous les jours. Aujourd'hui, j'accomplis des petits gestes de tendresse et d'affection. Je ne répands que des bonnes nouvelles et j'offre des mots d'encouragement aux personnes qui m'entourent. Aujourd'hui, je me transforme en soleil. J'illumine et je réchauffe les êtres qui partagent ma vie.

J'ai dépassé le besoin de souffrir

À présent, je me rends compte que j'ai dépassé le besoin de souffrir. J'ai réalisé que la souffrance n'a aucune valeur comme telle. J'associais la souffrance au changement et à la croissance spirituelle. Donc, lorsque je souffrais, je me disais que c'était normal et que je devais souffrir pour grandir et pour atteindre un plus haut niveau de conscience et de maturité. Mais la souffrance ne fait pas de moi une personne plus noble, plus spirituelle et plus authentique. La souffrance ne fait de moi qu'une personne qui souffre.

Il y a un côté pratique à la souffrance cependant. Lorsque je ne me sens pas bien dans ma peau, lorsque je souffre émotionnellement, il y a une cause. Il y a quelque chose dans ma vie qui ne tourne pas rond. Alors, dans ces moments de tumulte émotionnel, j'en identifie la cause et j'effectue les changements appropriés.

Ce que je fuis me poursuit

J'accepte que je ne puisse pas fuir les problèmes et les situations difficiles. Tôt ou tard, je dois faire face à la musique. Il vaut mieux s'occuper des problèmes au fur et à mesure qu'ils se présentent.

Ce que je fuis me poursuit. Ce que je refuse d'affronter persiste dans ma vie. L'univers est ainsi fait. J'ai donc pris l'habitude de regarder les choses en face avec l'intention d'assumer pleinement les situations qui se présentent. En étant aussi astucieux, aussi disposé à faire face aux choses, je vais me frayer inévitablement un chemin vers la vérité et le bonheur.

La simplicité de la vie

«Je me demande si d'autres personnes ont l'oreille aussi fine et aiguisée que moi pour détecter la musique, pas celle des sphères célestes mais celle de la terre, les subtilités des accords mineurs et majeurs que le vent fait rendre aux branches des arbres. Avez-vous déjà entendu la terre respirer?»

— KATE CHOPIN

J'ai passé une bonne partie de ma vie à lire des ouvrages de nos grands scientifiques qui nous parlaient de la nature de l'être humain, de ses pulsions refoulées, de la hiérarchie de ses besoins et de la profondeur de son subconscient. Mais je regarde autour de moi et je constate que ces théories ont eu très peu d'effets positifs sur la qualité de vie des gens, sur leur santé et leur épanouissement spirituel. Je laisse ces théories complexes aux autres.

Aujourd'hui, je vis selon mon propre chef. J'écoute mon cœur et je cherche la simplicité dans mes rapports avec les autres. Je m'éloigne des gens tapageurs et complexes et je partage ma vie avec les gens de bon sens. Je me réjouis des choses simples et belles que la vie m'offre à tous les jours: un travail enrichissant, des amis fidèles et sincères, la santé et la lucidité d'esprit.

La vérité du moment

«Si je suis incapable de laver la vaisselle avec plaisir ou si je désire en finir rapidement pour pouvoir reprendre ma place à table pour le dessert, je suis tout aussi incapable d'apprécier mon dessert! La fourchette à la main, je songe à la prochaine tâche qui m'attend et la texture et la saveur du dessert ainsi que le plaisir d'en profiter s'envolent. Je serai toujours entraînée dans le futur et je ne serai jamais capable de vivre le moment présent.»

—THICH NHAT HANTH

J'ai passé une bonne partie de ma vie dans une fuite vers l'avant à imaginer que la joie, le succès, l'amour véritable viendraient un jour. Je me disais qu'un jour, tous les éléments de ma vie seraient en harmonie et qu'à ce moment-là, je pourrais commencer à vivre. Je ne vis plus de cette façon maintenant. J'accorde beaucoup d'importance aux petites choses de la vie: les petits rituels quotidiens, la couleur du ciel, le goût de la nourriture savoureuse et les bons moments passés avec des amis sincères. Ces petits plaisirs remplissent mon âme et me rappellent à moi-même. Aujourd'hui je me dis: «Pourquoi dois-je me presser pour me rendre à la retraite alors que la vraie vie se manifeste à moi à chaque instant?»

Le détachement

«Si nous possédions une vision précise de la vie de tous les jours, ce serait comme d'entendre pousser le gazon ou battre le cœur de l'écureuil et nous pourrions mourir du rugissement qui se cache au-delà du silence. Les choses étant ce qu'elles sont, les plus agiles d'entre nous avançons sous le poids de la stupidité.»

— GEORGE ELLIOT

Je cherche à cultiver le détachement. Pour moi, le détachement n'est pas l'indifférence ou le je-m'en-foutisme. Le détachement, c'est cette merveilleuse capacité qu'a l'esprit lucide d'observer, tout simplement, sans se laisser emporter. Cette forme d'observation éclairée, je la vis de plus en plus. Je suis à l'écoute, je regarde, j'observe, je cherche à voir et à comprendre les gens, leur comportement, leur vécu. Le détachement est calme, limpide et cristallin. Aujourd'hui, je cultive le détachement dans ma vie de tous les jours.

Je suis maître de ma destinée

«Ce que nous faisons aujourd'hui, en ce moment, aura un effet cumulatif sur tous nos demains.»
— ALEXANDRA STODDARD

Il n'y a absolument rien qui prédispose l'individu à vivre telle ou telle expérience. Je sais, sans aucun doute, que je suis entièrement libre de choisir ma propre destinée. Seules mes décisions, mes intentions, ma persévérance et ma ténacité sont déterminantes dans la réalisation de mes buts. Je suis le seul à pouvoir améliorer mon sort. Je suis le seul à pouvoir prédire mon avenir. Ce sont mes décisions qui déterminent le dénouement et l'ultime qualité de ma vie.

Aujourd'hui, je suis le maître ultime de ma destinée. Je fais mes propres choix et je prends mes responsabilités. Je suis un être unique avec des besoins uniques. Je suis le seul à pouvoir répondre à mes besoins.

Le changement

Certains disent que nous pouvons changer, que nous pouvons nous transformer et vivre différemment. D'autres affirment qu'une fois formée, la personnalité d'un individu ne peut changer vraiment à moins que l'individu ne vive une expérience traumatisante. Il y a un élément de vérité dans ces deux points de vue. Tout d'abord, la personnalité, l'identité, les comportements, les valeurs, les attitudes, les choix que l'individu adopte tout au cours de sa vie sont essentiellement le résultat de son apprentissage, de sa culture et de son tempérament. Toutes ces choses peuvent changer. Mais l'être fondamental, l'être spirituel et véritable, ne change pas, car il *est* tout simplement. En termes très simples, le changement c'est la découverte progressive ou précipitée de l'être véritable qui laisse place à l'abandon de ce qui n'était pas vrai, pas essentiel chez lui.

Aujourd'hui, j'accueille l'être que je suis véritablement et je laisse aller tout ce qui n'est pas vraiment moi.

La responsabilité

Avec le temps, j'en suis venu à comprendre que la responsabilité n'est pas un fardeau ou une épreuve. La responsabilité est plutôt ma capacité d'accepter, de recevoir et d'avoir. Je vois également qu'au fur et à mesure que j'accepte la pleine responsabilité de moi-même, de mes actions et des choses qui surviennent dans ma vie, j'augmente ma confiance, mes capacités et ma maîtrise sur ma vie.

Lorsque j'accepte d'être le point d'origine de tout ce que je vis, je deviens responsable et alors, absolument rien ne m'échappe.

Le partage des responsabilités

Je vois maintenant que la responsabilité se partage. Dans mes amitiés, dans mes rapports de travail et dans ma vie familiale, je comprends l'importance du partage des responsabilités. Lorsque j'assume trop de responsabilités sans en déléguer aucune, je n'aide personne. Inversement, lorsque je laisse les autres prendre toutes les responsabilités sur leurs épaules, je ne contribue en rien au travail d'équipe et à mon estime personnelle. Aujourd'hui, je cherche à faire la part des choses et je travaille avec les autres à établir un meilleur équilibre dans ma vie.

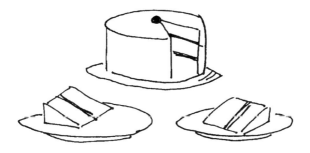

Mon code moral

J'ai pris conscience de l'importance d'avoir un code moral. J'ai fabriqué ce code à partir des vérités qui m'ont toujours bien servi. Je me suis rendu compte que si je désirais vraiment vivre heureux, je devais appliquer des principes solides et constants dans ma vie. Ces règles de comportement et ces valeurs sont très simples, elles m'orientent dans mes décisions et me permettent de vivre en harmonie avec moi-même et avec les autres. Ces règles sont en quelque sorte un code moral qui me guide et m'aide à faire les bons choix. En suivant mon code moral, je ne peux que réussir.

Je respecte mes promesses
et je suis digne de confiance

Je tiens parole et je respecte mes promesses. Avant de donner ma parole ou de faire une promesse, je réfléchis pour être bien sûr que j'en ai envie et que je serai en mesure de livrer la marchandise. Et après mûre réflexion, si je décide de donner ma parole, je sais que je dois la tenir. En suivant cette consigne, je renforce mon estime personnelle et je mérite l'admiration et le respect de tous mes amis et de tous mes collègues. En reconnaissant le poids et l'importance de ma parole, je peux être fiable et sécurisant.

Les gens qui travaillent ou qui vivent avec moi savent qu'ils peuvent compter sur moi et je sais que je peux compter sur moi-même en toutes circonstances. Et lorsqu'un problème ou un conflit surviendra, je saurai que j'ai respecté ma parole et serai en mesure de faire la part des choses.

Prévoir les conséquences

Je suis capable de prévoir les conséquences de l'irresponsabilité. Oui, on peut rire et s'amuser en ne se souciant pas des conséquences pendant un certain temps. Mais éventuellement, on doit payer la note. Il y a par contre des façons très saines et très nourrissantes de se donner du plaisir qui ne voilent pas l'intégrité du corps et de l'être.

Aujourd'hui, je prévois pleinement les conséquences de mes gestes et j'agis de façon intègre dans toutes les situations.

Grandir

La vie se transforme vite en enfer lorsqu'une personne décide d'arrêter de grandir. Il m'arrive parfois d'entendre des gens un peu plus âgés me dire: «À mon âge, je ne peux plus changer». À l'instant même où cette décision est prise, l'être commence à s'atrophier physiquement, mentalement et spirituellement. La vie est ainsi faite, on monte ou on descend. Nous ne pouvons toujours demeurer sur la même barre de l'échelle. Tout n'est pas facile mais il ne faut surtout pas baisser les bras sinon le reste de la vie ne sera que désœuvrement.

J'ai décidé de grandir. Pour moi, grandir signifie que je demeure ouvert aux nouvelles expériences, j'apprends et je me perfectionne. Grandir signifie aussi qu'il y encore quelque chose que je peux faire: je peux continuer mon ascension vers le bonheur, la compréhension, l'amour et la conscience. Aujourd'hui, je grandis.

Je suis l'architecte

Je sais que je suis l'acteur principal de ma vie et qu'en acceptant toutes les choses et tous les problèmes qui se présentent comme faisant partie de ma responsabilité, j'augmente mon emprise sur la vie et sur mon destin. Être responsable ne signifie pas assumer le fardeau de l'incompétence ou de l'irresponsabilité des autres. Cependant, je peux agir pour m'entourer de gens sains et aidants. Je peux également accepter de supporter les autres et de participer entièrement à leur vie.

La responsabilité est étroitement liée à l'action. Lorsque j'accepte d'être à l'origine des choses, je peux agir. Lorsque je refuse la responsabilité, j'accepte que les autres et les situations agissent sur moi. Même lorsque je sens que je ne suis pas l'ultime responsable d'une situation, je sais que je suis toujours l'auteur de mes sentiments et de mes pensées. La responsabilité me donne donc le pouvoir de comprendre et d'agir.

Faire amende honorable

«Si j'ai causé du tort à qui que ce soit dans le passé (peu importe comment je crois que cet acte était justifié), je dois l'admettre d'une façon désintéressée et éventuellement en faire amende honorable et/ou effectuer un remboursement là où je le peux. Le plus tôt je pourrai le faire sincèrement et honnêtement, le plus tôt je serai libéré de l'accumulation de culpabilité que je transportais inconsciemment à travers toutes ces années.»

— COLLECTIF
Retrouver l'harmonie en soi

Il est très difficile de vivre dans ce monde sans faire d'erreurs, sans causer du tort aux autres, sans abandonner ses propres principes. Mais lorsqu'on part avec l'intention de faire le bien et que l'on est en mesure de reconnaître ses erreurs, on peut se corriger et s'ajuster à la vie. Aujourd'hui, j'accepte de faire amende honorable pour les erreurs que j'ai commises. Je suis en mesure de faire un examen de conscience judicieux et d'admettre mes torts. Je ne suis pas parfait mais je suis suffisamment juste et conscient pour vouloir rétablir l'harmonie lorsque j'ai causé un tort.

L'amour semble parfois cruel

Notre société nous a offert une vision un peu trop «fleur bleue» de l'amour. On nous a fait comprendre que tout s'arrange avec l'amour et que si on aime suffisamment, on peut vaincre tous les obstacles. Mais l'amour ne doit pas être aveugle. Lorsqu'on aime vraiment, on doit être en mesure de faire les bonnes choses et de mettre parfois de côté nos émotions. Lorsqu'une personne que l'on aime se fait du mal ou est engagée dans une voie destructrice, on doit être en mesure d'aimer avec fermeté et détachement sans se laisser piéger dans cette situation. L'amour, c'est tous ces beaux sentiments de tendresse et d'affinité mais c'est aussi le détachement et la puissance de ses convictions qui se manifestent dans nos rapports avec les êtres chers.

Aujourd'hui, j'aime avec discernement et fermeté. Je ne me laisse pas emporter dans un torrent d'émotions qui me rendraient victime de mon amour. J'écoute, je regarde, je reste éveillé à la vérité et je ne recule pas devant mes engagements et mes responsabilités.

Le pouvoir de mes décisions

J'ai compris le pouvoir qu'avaient mes décisions. Je décide d'agir ou de ne pas agir, d'être ou de ne pas être. C'est la décision qui mène le monde. Le fait de prendre une décision m'énergise et augmente mon estime personnelle. Avec le temps, je me suis rendu compte que c'est moi qui suis l'auteur de ma vie. C'est moi qui décide. Mes décisions sont extrêmement puissantes. Avec ce pouvoir de décision, je peux tout transformer, tout bâtir ou tout démolir.

J'ai parfois sous-estimé le pouvoir de mes décisions car après avoir décidé, je suis retourné dans mes vieux comportements. Aujourd'hui, je décide et je me rends compte que le contexte spécifique de ma vie résulte des décisions que j'ai prises dans le passé. Lorsque je veux effectuer un changement dans ma vie, je prends conscience des décisions que j'ai prises dans le passé et je prends, à partir de là, une nouvelle décision.

Je suis responsable de mon destin

Je reconnais que je suis entièrement responsable de mon destin. Je sais que ce ne sont pas les circonstances extérieures qui déterminent mon évolution mais surtout mon intention, ma détermination et la valeur de ma contribution. Aujourd'hui, j'agis pour prendre en charge ma destinée. Je cherche à ouvrir de nouvelles portes, à créer de nouvelles possibilités et à étendre mon champ d'action.

Je me félicite

Je me félicite d'avoir poursuivi ce chemin de l'amélioration et de la croissance personnelle. Je mérite de réussir et d'être apprécié, car je suis une très bonne personne. Je ne me félicite pas seulement pour les choses que j'ai faites ou pour mes accomplissements, je me félicite aussi tout simplement pour la personne que je suis. Je sais que je peux compter sur moi-même. Je suis digne d'amour et de respect. L'éveil spirituel, la communication et la présence demandent toujours de l'effort mais cet effort est largement récompensé par l'intensité et la satisfaction d'une vie bien remplie.

Cette belle petite planète

Aujourd'hui, je porte mon attention sur l'humanité toute entière. Je prends conscience que je fais partie de l'espèce humaine et que je suis en partie responsable des autres êtres qui habitent cette planète. Aujourd'hui, j'utilise mon imagination pour voir comment je peux contribuer à l'amélioration des conditions de vie sur cette planète.

Je suis responsable de mon environnement. Lorsque je regarde ce que nous avons fait à cette belle planète en déversant des déchets dans l'eau et dans l'air, en abîmant la faune et la flore, je ne peux pas demeurer passif. Je me suis laissé endormir par ces discours économiques qui visaient à raser les forêts et à dévier les rivières pour maintenir notre précieux style de vie. Cela ne profite qu'à un très petit nombre d'individus. Dès maintenant, je décide d'être le protecteur de l'environnement et de cette planète.

Je célèbre mon être véritable

Depuis que j'ai accepté d'être moi-même, je me rends compte de ce qui est important pour moi. En prenant mes propres décisions et en regardant les choses telles qu'elles sont, je permets à mon être véritable de se manifester. Par cette expérience, je découvre la joie et le plaisir de m'accepter tel que je suis.

Plus je me découvre, plus je me trouve merveilleux. À chaque jour, je fais de nouvelles découvertes. En apprenant à répondre à mes propres besoins, j'ai aussi compris que je suis un être unique et plein de vitalité. Je peux agir positivement et créer. Aujourd'hui, j'accepte de ressentir les choses et d'être à l'écoute de ce qui m'entoure.

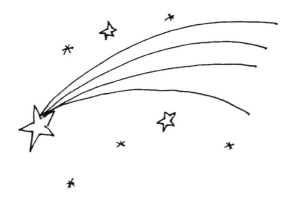

Ma bonté naturelle

Aujourd'hui, je laisse paraître ma bonté naturelle. La bonté crée des espaces de joie et de liberté dans ma vie et dans la vie des autres. En étant bon et bienveillant, je m'élève au-delà de la lutte pour la survie, vers un niveau d'action beaucoup plus noble et enrichissant. Aujourd'hui, je vis de façon consciente et éveillée en vue de créer un monde plus doux et généreux.

La bonté n'a rien à voir avec la crainte du rejet; elle est issue d'un cœur généreux et d'un esprit ouvert.

Aujourd'hui, je cherche à manifester mes vraies couleurs dans toutes les situations de la vie.

La puissance du sourire

J'ai fait l'expérience de sourire à des gens que je rencontrais sur mon passage. À ma grande surprise, ils ont tous répondu à ce sourire. Je me suis interrogé afin de comprendre pourquoi des gens inconnus réagissaient à cette chose si intime qu'est le sourire. Je crois avoir trouvé la réponse: l'être cherche à établir des liens et il attend, porte ouverte, pour manifester sa bienveillance.

Le sourire est un outil de communication extrêmement puissant. Il signale un désir de communiquer et des bonnes intentions. Mon sourire authentique est une main tendue, un pont qui permet à l'autre de traverser pour me rejoindre. Aujourd'hui, je reconnais la puissance du sourire et je souris pour vaincre l'isolement et forger des liens d'amitié et de compassion.

Apprendre à s'aimer

«Plus j'apprends à me connaître, plus je me rends compte que je suis quelqu'un de bien. J'ai fait de bonnes choses dans la vie parce que je suis une bonne personne. J'ai accompli des choses valables dans la vie parce que je suis une personne compétente. Je connais des personnes spéciales, parce que je vaux la peine d'être connue. Je suis fière de tout ce que j'ai accompli pour moi.

J'ai aussi fait quelques erreurs. Je peux en tirer des leçons. J'ai également connu des personnes qui ne m'estimaient pas. Je n'ai pas besoin d'elles dans ma vie. J'ai perdu un temps précieux. Je peux faire de nouveaux choix maintenant. Tant que je peux voir, entendre, sentir, penser, changer, grandir et agir, j'ai de nombreuses possibilités. Je vais prendre ces risques et essayer ces possiblités. Je vais grandir, aimer, être et me réjouir.»

— SHARON WEGSCHEIDER-CRUSE

Je n'attends pas l'amour, le respect et l'approbation des autres pour m'aimer. Aujourd'hui, je me donne tout l'amour et le respect que je mérite.

Là où je suis, c'est parfait

J'ai eu tendance à être très exigeant envers moi-même. J'acceptais très difficilement de faire des erreurs. J'étais rarement satisfait des résultats que j'obtenais. Je m'auto-critiquais. De façon ultime, je voulais grandir et atteindre mes buts mais j'étais beaucoup trop exigeant et critique envers moi-même. De plus, je n'étais pas entièrement satisfait de moi. Je n'aimais pas tel ou tel trait de caractère, tel ou tel élément de mon apparence. Je vivais une certaine forme de déception envers moi et j'aurais voulu être autrement.

Un beau jour, tout cela a changé. J'en suis venu à comprendre que j'étais qui j'étais. Je pus alors m'accepter tel que j'étais en acceptant tous les aspect de ma personne. Aujourd'hui, je m'accepte et je suis généreux et aimant envers moi-même.

Vous êtes ici

Demander pardon

«Nier sa responsabilité quand on a causé du tort à quelqu'un ne peut que renforcer le sentiment de culpabilité. Le meilleur moyen de se soulager, c'est d'endosser la faute pour ses actes, de demander pardon et de réparer les dommages causés.»

— Sharon Wegscheider-Cruse
Apprendre à s'aimer

Je suis un être formidable et je suis un être humain. Déjà, en disant cela, je prends conscience que je suis dans un processus de découverte et d'apprentissage; j'admets que l'erreur est possible. En prenant la responsabilité de mes erreurs et, si nécessaire, en demandant pardon pour les torts que j'ai causés, je garde la voie de mon développement libre d'obstacles et de culpabilité. Aujourd'hui, je vois que j'ai la force et la conviction nécessaires pour reconnaître mes erreurs et pour demander pardon.

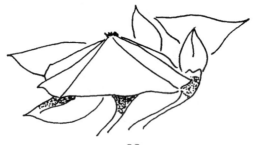

La diplomatie

«La vie de famille! L'Organisation des Nations Unies est un jeu d'enfant par comparaison aux tiraillements et aux divisions, aux besoins de comprendre et aux désirs de pardonner, qu'on retrouve dans n'importe quelle famille.»

— MAY SARTON

Un jour que j'étais au parc, j'entendis un groupe de mères discuter. L'une d'entre elles demanda aux autres: «Savez-vous pourquoi l'organisation familiale actuelle est appelée famille nucléaire?» Sans attendre de réponse, elle poursuivit: «Parce qu'avec tous ces gens sous un même toit, les explosions sont inévitables!» J'ai ri avec elles, tandis que des souvenirs de repas de Noël désastreux, de célébrations d'anniversaire décevantes et de pique-niques familiaux chaotiques me venaient à l'esprit.

Nous pouvons tous prendre un siège à la table des négociations. Parfois, notre habileté diplomatique suffit pour ramener la paix. Parfois, il est plus sage de courir nous mettre à l'abri.

Aujourd'hui, je règle les conflits avec diplomatie.

Les plaisirs de l'âme

Aujourd'hui, je prends le temps de découvrir les simples plaisirs de la vie. Je surnomme ces plaisirs quotidiens les plaisirs de l'âme car ce sont des activités qui nourrissent mon être et font surgir en moi un profond amour de la vie. Les plaisirs de l'âme c'est regarder un coucher de soleil, porter un vêtement soyeux, déguster un bon repas. Les plaisirs de l'âme, c'est travailler dans le jardin parmi les fleurs et les arbres, fabriquer des choses à la main ou écouter de la musique classique. Ces simples plaisirs me permettent de communier avec la vie et de redécouvrir l'harmonie dans mes rapports avec mon entourage et l'univers tout entier.

Je suis responsable de mon bonheur quotidien. Je dois prendre le temps de me ressourcer et de nourrir mon être. Aujourd'hui, je m'arrête pour humer le parfum des roses, pour écouter le chant des oiseaux et pour regarder les enfants qui jouent si librement juste à côté de moi.

Mes intentions

Aujourd'hui, je reconnais que dans mes intentions il y a la semence de mon avenir. L'intention, c'est l'embryon de la décision, c'est l'élan de mon désir et la direction de mon action. Aujourd'hui, je vérifie mes intentions car j'ai compris qu'elles étaient à la base de tout ce je vis et de tout ce que je provoque. Si je pars avec l'intention de faire le bien, de contribuer au bien-être des autres, je vivrai des situations et des expériences bien différentes que si je décide de ne pas me faire ennuyer par les autres. Mon intention déterminera mes pensées, mes attitudes et mes comportements.

Aujourd'hui, je me donne des intentions positives et créatrices car je sais que les autres peuvent inconsciemment les déceler et qu'elles sont la source même de mon expérience et de mon bonheur.

Protéger nos enfants

«En tant que parents, nous voulons protéger nos enfants contre toutes les souffrances et toutes les injustices de la vie. C'est évidemment impossible, mais ce que nous pouvons faire, c'est créer un environnement où les enfants sont en sécurité physiquement, affectivement et spirituellement. Et nous réussirons d'autant mieux à les protéger si nous pensons que tous les enfants du monde sont sous notre responsabilité.»

— JUDY FORD
Les Merveilleuses façons d'aimer son enfant

Tous les enfants ont besoin de savoir qu'ils sont aimés et en sécurité. Il n'est pas facile d'être un enfant. Leur petite taille et leurs moyens plus limités les rendent dépendants et vulnérables. Nous devons tous participer à la création d'un contexte sécurisant pour les enfants de ce monde. J'accepte ma responsabilité face à mes enfants et à tous les autres enfants.

Le secret de la prospérité

Aujourd'hui, je réussis bien sur le plan matériel mais il n'en a pas toujours été ainsi. Il y a maintenant plusieurs années, j'ai fait une constatation très importante qui allait transformer profondément mes rapports de travail: ma prospérité est intimement liée à la prospérité des gens que je sers. Lorsque j'ai cessé de me préoccuper de ma propre prospérité et que j'ai commencé à travailler activement et intelligemment pour augmenter la richesse des autres, mes propres revenus ont commencé à augmenter. La règle est très simple: lorsque j'offre un produit ou un service qui contribue vraiment à la prospérité, au bien-être et au bonheur des autres, j'en reçois la récompense. Mais je dois pouvoir m'interroger sur ce qui est réellement voulu. Je dois mettre toutes mes énergies à offrir les choses qui contribueront réellement à la croissance et à l'enrichissement de l'autre.

Aujourd'hui, je suis entièrement dévoué à rendre les autres plus prospères et j'y puise ma satisfaction et mon succès.

Je m'attarde aux choses
qui rendent ma vie meilleure

Je reconnais de plus en plus les choses qui ont une bonne influence sur moi. Je fais aussi le ménage dans ma vie en balayant les fausses idées et les choses du passé, qui me retiennent et m'empêchent d'atteindre le bonheur.

En m'attardant aux choses qui rendent ma vie meilleure, comme l'amour, la joie, la vérité, répondre à mes propres besoins, prendre mes propres décisions, assumer mes responsabilités et engendrer des relations saines et durables, je permets à mon être véritable de s'extérioriser et de s'exprimer complètement. Je mérite une vie meilleure, je prends les moyens et pose les actes nécessaires pour y arriver.

Aujourd'hui, je reconnais l'importance de m'attarder aux choses qui rendent ma vie meilleure. Je me débarasse des choses qui me détruisent et me causent du tort. Je fais place à l'amour dans ma vie en ouvrant mon cœur. Je concentre mes énergies sur les choses qui sont importantes pour moi, pour mon bonheur.

Les gens qui nous gouvernent

Dans notre société, nous mettons des gens au pouvoir et ensuite nous passons quatre ou cinq années à les accabler de tous les maux du monde. Les élus ne peuvent gouverner que s'ils ont notre appui et notre bienveillance. Ce sont en général des gens comme nous, qui ont voulu ou ont été appelés à apporter une plus grande contribution. Ce ne sont pas des devins et ils peuvent être plus ou moins habiles dans les diverses tâches qui leur ont été confiées. Ils ne peuvent pas nous servir sans notre accord, sans notre volonté de nous laisser servir. Aujourd'hui, je me donne la responsabilité d'appuyer les gens qui gouvernent ma ville, ma province, mon pays. Je leur fais confiance et j'essaie de leur donner le temps et l'appui dont ils ont besoin pour faire ce qui doit être fait.

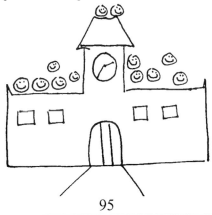

L'affirmation de soi

Bien qu'il soit important d'être gentil et courtois dans tous mes rapports avec les autres, je me suis aussi rendu compte de l'importance de l'affirmation de soi. M'affirmer, c'est montrer aux autres comment me respecter. M'affirmer, c'est exiger ce que je veux ou ce à quoi j'ai droit. M'affirmer, c'est faire valoir mon point de vue, mes besoins, mes exigences. Si je ne m'affirme pas, je ne pourrai pas être heureux car je serai toujours en train de me plier aux exigences et aux demandes des autres. Je sais ce qui est bon pour moi. Je suis un individu et j'ai mes besoins et mes qualités propres.

Lorsqu'on s'affirme, il est nécessaire de le faire avec autant de diplomatie que possible. Si les gens se sentent brusqués, ils chercheront à ne pas me donner ce que je veux. Mais si je tiens bon et si je demande inlassablement ce que je veux, sans me vexer et sans brusquer l'autre, j'obtiendrai ce que je veux.

Je modèle le monde

«Je ne suis pas victime du monde que je vois. Ce que je vois autour de moi reflète ce que j'ai d'abord vu en moi. Je projette toujours sur le monde les pensées, les sensations et les attitudes qui me préoccupent. Je peux donc voir le monde différemment en modifiant mon esprit en fonction de ce que je veux voir.»

— GERALD JAMPOLSKY
Aimer, c'est abandonner la peur

On peut parfois avoir l'impression d'être celui qui subit plutôt que celui qui est à la source des circonstances de sa vie. Et, en effet, je ne suis pas la seule personne au monde et je peux ressentir l'effet du comportement de l'autre. Mais je ne dois pas croire que je suis constamment à la remorque du monde qui m'entoure. Je modèle le monde en fonction de mes perceptions, de mes attitudes et de mes comportements. Je suis la source de tout ce que je vis. Je suis le créateur de mon vécu. Je suis donc responsable de mon bonheur à chaque jour.

Ce qui n'est pas moi

«Je me suis rendu compte que les crises de colère sont très efficaces pour éloigner les gens. Si je veux entretenir des relations harmonieuses avec les gens qui m'entourent, je dois prendre le temps d'écouter et de bien comprendre avant de réagir.»

— MARC ALAIN

J'ai mis du temps à comprendre qu'on accomplit très peu en se fâchant, en gueulant ou en utilisant une approche agressive. L'agressivité peut apporter un soulagement immédiat parce qu'elle nous permet d'exprimer notre colère mais l'effet est presque toujours négatif. La gentillesse, l'écoute et l'humour sont les éléments essentiels de la communication et de l'échange.

Aujourd'hui, je sais que je peux obtenir la collaboration et le soutien des autres en étant gentil et compréhensif.

La responsabilité d'aimer

Aujourd'hui, je vois que l'amour implique une grande part de responsabilité. Lorsque j'aime quelqu'un, j'accueille cette personne dans la sphère de mon intimité. Je lui demande de m'ouvrir la porte de son intimité. Je dois respecter, protéger et appuyer cet être. Je dois respecter son individualité et ses besoins propres; je dois aussi lui apprendre à me respecter. L'amour et l'amitié impliquent une grande part de responsabilité envers soi-même et envers l'autre. Cette responsabilité peut parfois être plus difficile à supporter mais elle est la source même de l'engagement et de l'appartenance.

Tout change lorsque, grâce à l'amour ou à l'amitié, on a apprivoisé quelqu'un. De par notre proximité et notre influence, on peut aider ou nuire, on peut renforcer ou blesser, on peut libérer ou tenter de dominer.

Aujourd'hui, je comprends que l'amour implique une grande part de responsabilité et je cherche à renforcer les liens d'amour et d'amitié en étant conscient et responsable.

Attention aux paroles!

On oublie parfois la puissance des mots. Une parole peut changer le ton d'une situation sociale. Quelques mots mal placés peuvent perturber la personne qu'on aime. Les mots peuvent construire aussi bien qu'ils peuvent détruire. La colère est souvent la source de paroles qu'on regrette et qui viennent dresser des murs entre ceux qui s'aiment. Lorsqu'on est en colère, on dit parfois des choses blessantes. On est sûr d'avoir raison et que l'autre sait ce à quoi on pense. Mais lorsqu'on voit les effets de notre colère sur nos proches, on sait que ce n'est pas le chemin vers l'harmonie et le bonheur. De toute façon, les paroles prononcées sous le coup de la colère ne sont généralement pas vraies et, si elles contiennent un élément de vérité, la méthode choisie n'est pas favorable à la compréhension.

Aujourd'hui, je surveille mes paroles. J'utilise les mots pour soulager, pour complimenter et pour renforcer les liens qui nous unissent. Et si, pour une raison ou une autre, je deviens coléreux, je surveille mes paroles pour ne pas offenser l'autre.

La santé et le bien-être

De plus en plus, on se rend compte que la santé et le bien-être sont directement liés aux émotions et aux attitudes d'une personne. Certains diront même qu'il y a un rapport étroit entre notre état d'esprit et notre santé physique. Nous savons que nous sommes responsables de notre santé et de notre bien-être et que lorsque nous sommes pris au piège de la maladie, la vie devient une corvée épouvantable. Je dois donc travailler chaque jour à préserver et renforcer ma santé. Déjà, en me donnant une alimentation saine, en dormant et en me reposant suffisamment, en faisant de l'exercice physique, je peux éloigner la maladie, car cette attitude de soins, d'amour de soi et de vigilance porte en elle-même la santé et le bien-être.

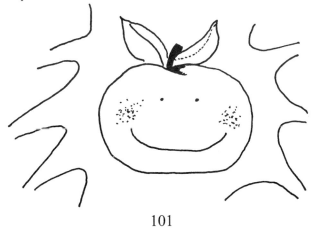

La sobriété

Aujourd'hui, je vis de façon sobre et équilibrée. J'ai connu l'excès, l'ivresse et la dégradation. J'ai connu la solitude, la déception et le mensonge. J'ai connu la pauvreté et la misère. Aujourd'hui, je choisis de vivre en pleine possession de mes moyens avec toute la lucidité et toute la sobriété que je peux trouver en moi.

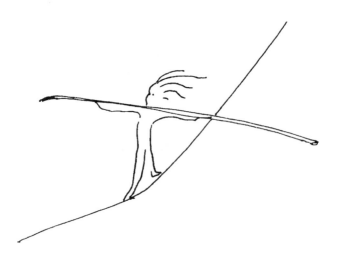

La beauté autour de moi

«J'éprouve de la tranquillité en regardant par la fenêtre qui m'offre une vue magnifique vers le nord. Je tente de capter le moment où la lumière du jour fond dans la pénombre et que le soleil se transforme en un magnifique spectre de rouges, de pourpres et de bleus. Une par une, les rues se définissent devant moi par le scintillement des lumières qui deviennent plus précises au moment où le jour me quitte.»

— ADAIR LARA
Les Plaisirs de l'âme

Aujourd'hui, je m'éveille à la beauté autour de moi et je m'entoure de belles choses. Je sais que les belles choses me font plaisir et m'inspirent, alors je centre mon attention sur le monde de la beauté et de l'esthétique.

Peut-être

J'ai appris avec le temps que ce qui peut sembler être un échec ou une perte totale est peut-être quelque chose de positif en réalité. Ce qui nous paraît à prime abord bon ou mauvais peut s'avérer tout autrement en réalité. Je dois donc cultiver un certain détachement et regarder la chose selon divers angles. Avant de me prononcer et d'affirmer que c'est bon ou mauvais, j'attendrai et verrai le dénouement réel de la situation.

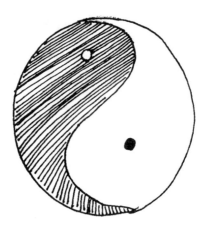

Je suis libre maintenant

Pendant longtemps j'ai été enfermé en moi-même. Je crois que j'avais pris la décision de ne plus prendre de risques, de ne plus communiquer. J'avais gardé autour de moi certaines choses et certaines personnes pour me donner l'impression que je n'étais pas seul. Mais avec le temps, ma vie est devenue très monotone. Alors j'ai décidé de m'ouvrir de nouveau à la vie et aux autres.

Lorsque j'ai pris cette décision de m'ouvrir à la vie, j'ai été rempli de crainte et d'appréhension mais aussi d'une grande énergie, l'énergie du renouveau, de la liberté et de l'aventure. À présent, je sais que je ne pourrais pas vivre seul, et sans toute la variété et la joie que m'apporte la liberté. Aujourd'hui, je suis libre.

La santé spirituelle

«Dans notre quête de confort matériel, nous avons recherché et même glorifié le bien-être matériel. Souvent, nous l'avons fait au détriment de notre santé émotionnelle et spirituelle en ayant presque complètement perdu de vue le fait que la santé spirituelle est notre richesse. Et de ce fait, lorsque nous atteignons une meilleure santé spirituelle, nous avons besoin de moins de richesses matérielles. Cependant, aussi étrange que cela puisse paraître, il semble qu'en pareil cas, nous pouvons toujours obtenir ce dont nous avons besoin matériellement.»

— COLLECTIF
Retrouver l'harmonie en soi

Aujourd'hui, je m'accorde du temps pour penser à ma vie spirituelle. Je sais que je suis un être qui a besoin de cultiver ses ressources. La spiritualité est aussi un aspect important de ma vie. Je prends le temps de penser à ce en quoi je crois. Dans ma vie de tous les jours, les considérations matérielles prennent parfois beaucoup de place, au détriment de ma santé spirituelle. Je reconnais que ma santé spirituelle est aussi importante que ma santé mentale ou physique et je m'en préoccupe. En m'y attardant, je laisse la lumière jaillir sur moi et éclairer mon chemin. J'affirme que je suis un être spirituel.

Les richesses de la maturité

«Aujourd'hui je verrai d'un œil favorable le vieillissement et les richesses qu'il apporte. Au même titre que j'estime les richesses de l'enfant en moi, j'accorde de la valeur à ce que m'apportera le fait d'avancer en âge.»

— ROKELLE LERNER
L'Enfant intérieur - Un jour à la fois

Même si mon corps physique vieillit, je sais que mon cœur reste jeune. Je garde ma jeunesse en demeurant créatif et actif. Alors, je prends ce phénomène du vieillissement physique avec un grain de sel et je centre mon attention et mon énergie sur ma vraie nature et sur ma vraie valeur comme être humain.

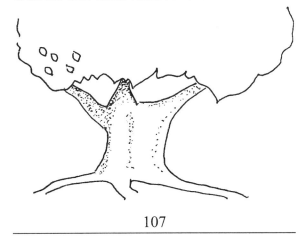

Le rire

Je me donne la permission de rire. Lorsque les choses allaient plutôt mal et que j'avais le cafard, je me demandais comment les gens pouvaient encore rire. Mais le rire est extrêmement thérapeutique parce qu'il permet à l'individu de lâcher prise et de regarder les choses sous un autre angle. Aujourd'hui je suis à la recherche de l'humour. En faisant rire les gens autour de moi, je contribue à leur plaisir.

Affronter l'indifférence

«Nous réalisons que nos accomplissements ne sont qu'une goutte dans l'océan. Mais si cette goutte n'était pas dans l'océan, elle nous manquerait.»
— MÈRE THERESA

On vit dans un monde rempli d'indifférence. Lorsqu'on tente de réaliser un projet important, on doit faire face à l'indifférence des gens. On peut parfois se sentir tout à fait désarmé par cette indifférence. Mais on ne doit pas se laisser abattre ou influencer. En maintenant une intention forte et en persévérant, on finira par atteindre notre objectif.

Aujourd'hui, je vois que je dois toujours garder mes rêves vivants. Je ne dois pas me laisser abattre par l'indifférence et la résignation qui existent autour de moi. Mon intention et ma décision me supporteront jusqu'à l'aboutissement de mon projet.

Dire oui à la vie

La vie comprend des moments difficiles et plutôt tristes. Par exemple, quand on perd un ami ou une relation proche ou quand on vit un échec amoureux. Quand on se rend compte que l'on ne pourra pas atteindre tel ou tel objectif. Quand on connaît des difficultés au travail ou dans notre entreprise. La vie nous offre de nombreux défis et des décisions difficiles à prendre. Après avoir vécu une profonde déception, il est possible que l'on décide de ne plus trop espérer, de ne plus trop essayer. Mais je crois que la résignation est le pire de tous nos ennemis.

Aujourd'hui, je dis oui à la vie. Je reconnais qu'il y a des épreuves à surmonter mais je le ferai avec vigueur et avec optimisme. Je choisirai mes attitudes et je ne me laisserai pas abattre par les circonstances de l'existence.

Le plaisir de lire

Aujourd'hui, je prends plaisir à lire et à approfondir mes connaissances. Je suis ici pour apprendre et je sais que d'autres ont exploré et compris des choses. Alors, je profite de la sagesse des autres et je lis pour grandir. Je lis aussi pour me divertir et pour m'amuser. Le monde de la lecture est celui de mon imaginaire. Je vois, en lisant, diverses images qui me transportent vers un autre monde, une autre réalité.

Aujourd'hui, je me laisse séduire par la lecture, par les livres qui contiennent toutes les aventures, tous les visages du monde et toute la connaissance qui me nourrit et me vivifie. Je lis avec attention et avec discernement car je sais que dans le monde du livre, il y a du bon et du mauvais. Je serai mon propre juge et j'intégrerai les éléments qui contribueront à ma croissance et à mon bien-être.

Le repos

«Certains jours, je me rends compte que bien des choses peuvent fragmenter ma vie. Je peux alors oublier de faire le point et me sentir agitée et nerveuse. Je sais maintenant que cela m'indique qu'il est temps de me reposer. Dans le calme, je peux faire un retour vers l'intérieur, me détendre et me tonifier.»

— EILEEN WHITE

J'ai toujours aimé dormir. Le sommeil me permet de me reposer et de me rafraîchir mentalement. Lorsque j'oublie de m'accorder suffisamment de sommeil, je commence à me sentir de mauvaise humeur et j'ai tendance à voir les choses en noir. Alors maintenant, lorsque je me sens impatient ou fâché, je sais que je dois rattraper quelques heures de sommeil.

Aujourd'hui, je m'accorde suffisamment de repos et de sommeil car la vie est toujours plus belle et plus facile lorsque je suis bien reposé.

L'admiration

L'admiration est un sentiment de joie et d'épanouissement face à quelque chose ou à quelqu'un que l'on
juge beau ou grand. Il est possible pour moi de
développer cette faculté d'admiration face à moi-
même et aux gens qui m'entourent. Je crois que je
peux cultiver l'admiration et m'en servir dans tous
mes rapports. L'admiration est noble et m'élève au-
delà du monde du mépris, de la haine et des conflits.

Aujourd'hui, je cultive l'admiration dans mes relations. Je sais qu'il est important d'établir des relations
saines et durables. L'admiration est un des facteurs
importants d'une telle relation.

L'espoir du printemps

Aujourd'hui, je suis heureux que le printemps arrive
enfin. Avec le printemps vient l'énergie du renouveau
et de la croissance. Aujourd'hui, je célèbre mon printemps, ma saison de croissance et de renouveau. Je
suis maintenant disposé à enlever mon vieux manteau
et à faire face à la lumière. Je suis disposé à grandir et
à me renouveler. J'utilise cette énergie du printemps
pour trouver mes propres ailes.

La liberté

«On vit dans un monde à l'envers. Ce qui nous semble important est souvent, en réalité, tout à fait sans importance. Nous sommes engagés dans la construction de châteaux de sable. Nous nous empressons de remplir nos vies de conquêtes et de possessions mais nous manquons le véritable but: la liberté.»

— MARC ALAIN

Aujourd'hui, je me donne la liberté d'explorer, de prendre des risques, d'être spontané et de faire ce qui est nécessaire. Aujourd'hui, je suis disposé à m'accorder cette liberté car je sais que je suis suffisamment responsable. Je sais que je serai capable de vivre avec les résultats et les conséquences de cette nouvelle liberté. Et je sais qu'avec elle je me serai fidèle.

Faire une omelette

Il y a un proverbe qui dit qu'on ne fait pas une omelette sans casser d'œufs. Il faut parfois faire des choix difficiles si on désire créer quelque chose de nouveau. Si on veut démarrer une entreprise, on doit possiblement quitter la sécurité de notre emploi stable et débourser nos économies. Si on désire mettre fin à une relation malsaine, on doit pouvoir briser les liens, dire «non, c'est fini». Aujourd'hui, je n'ai pas peur de casser quelques œufs pour atteindre des résultats intéressants dans ma vie. Je sais que je peux agir correctement et faire des choix judicieux.

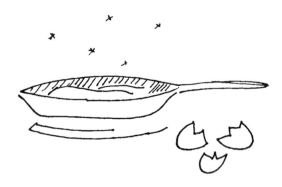

Je me renouvelle à chaque instant

Aujourd'hui, je sais que chaque instant est nouveau, que chaque instant porte en lui la possibilité de changement et de renouvellement. Je peux donc enlever mon vieux manteau, celui que j'ai appris à mettre pour me protéger du froid et de l'abandon. On dit que chaque cellule de notre corps se régénère. Alors moi aussi je peux me renouveler. Je peux changer d'attitude, je peux changer d'idée. Je peux mettre de nouvelles lunettes pour regarder le monde d'une nouvelle façon. Je découvre une nouvelle vérité qui changera à jamais ma façon de penser.

Aujourd'hui, je sais que je me renouvelle à chaque instant. Je prends plaisir au fait que tout change. Tout est en perpétuelle mutation. Je ne résisterai pas à ce courant mais je me laisserai emporter tout doucement par le flux de la transformation.

Le besoin d'approbation

«Aujourd'hui je renoncerai au besoin excessif que j'ai de recevoir l'approbation de tous. Dans l'environnement dominateur et de dépendance de la maison où j'ai grandi, ma sécurité affective reposait sur le fait que je devais plaire à mes parents. J'ai ainsi appris à distinguer chez eux le moindre signe de désapprobation et à me faire dicter ma conduite. En conséquence, je ressens encore la présence d'un petit enfant effrayé qui me pousse à dire et à faire des choses en vue de me mériter les faveurs de mes proches.»

— ROKELLE LERNER
L'Enfant intérieur - Un jour à la fois

Aujourd'hui, je comprends que je ne peux pas contrôler ce que les gens pensent de moi. Certaines personnes voudront m'aimer et me respecter et d'autres chercheront plutôt à m'exploiter ou à m'induire en erreur. Je choisirai mes amis avec discernement et je laisserai les autres penser ce qu'ils pensent. Aujourd'hui, je sais que je peux vivre sans l'approbation des autres. Je peux être libre de mes pensées et de mes actions.

Les artisans de la gaieté

«Les enfants sont des artisans de gaieté. Avec leurs corps miniatures, ils rient et courent et roulent, ils rebondissent et se déplacent dans tous les sens. Ils s'agitent quand vous les prenez, et ils sont si débordants d'énergie que vous les remarquez immédiatement quand ils entrent dans une pièce. Ils aiment toucher à tout et goûter à tout. Et ils peuvent vous regarder dans les yeux avec une honnêteté si charmante que pendant une seconde vous doutez de ce qu'il faut faire. Il y a tant de choses amusantes... La vie est pleine de choses ridicules, et les enfants ont le don de s'en apercevoir.»

— JUDY FORD
Les Merveilleuses façons d'aimer son enfant

Les enfants expérimentent la vie de façon créative. Ils n'ont pas appris à être «cool» et distants. Ils peuvent être présents à l'expérience car ils n'ont pas une idée préconçue de la chose. Ils voient vraiment ce qu'il y a là. Ils conservent leur émerveillement devant la vie. Aujourd'hui, je retrouve mon regard d'enfant. Je renoue avec cette capacité de jouer et de toucher avec mes mains et de goûter avec ma langue. Aujourd'hui, comme les enfants, j'expérimente la vie de façon créative.

Vivre un jour à la fois

L'expression *Vivre un jour à la fois* a été développée par les Alcooliques Anonymes qui ont reconnu que le rétablissement de l'alcoolisme se fait un jour à la fois et même un moment à la fois. L'individu qui tente de se sevrer de l'alcool doit réussir à traverser une journée et ne pas tenter d'envisager sa vie entière sans alcool car cette pensée risquerait d'être trop envahissante. Une journée sans alcool est une victoire, un pas de plus vers la sobriété et la maîtrise de cette puissante dépendance.

Cette philosophie de vie fondamentale peut être utilisée lorsque l'on tente de remettre de l'ordre dans sa vie. Elle peut nous aider à traverser des moments très difficiles en nous permettant d'obtenir de petites victoires à chaque jour. Elle implique également que l'individu vive dans le moment présent et non dans le passé ou le futur.

Je suis un chaînon vivant

«Nous sommes les chaînons vivants d'une force de vie qui se déplace et s'amuse en nous, autour de nous, en unissant les sols les plus profonds et les étoiles les plus éloignées.»

— ALAN CHADWICK

Je suis mû par une force de vie qui m'habite et anime mon corps. Cette force de vie est infiniment bonne et infiniment sage. Je suis cette force de vie et elle est moi. Je suis un être lumineux et grand. En chacun de nous se trouve cette force de vie, douce et pleine de compassion.

Je fais confiance à cette force de vie qui m'habite. Je sais que ma sagesse, mon inspiration et mon intuition émanent de cette force de vie qui m'habite et me lie à tous les êtres de cet univers. Je puise dans cette sagesse tous les jours. Et lorsque cette force de vie quittera mon corps, je ne craindrai rien car je sais que je le quitterai avec elle.

Mon rétablissement affectif

«Il nous arrive de supprimer ou de dénier nos sentiments, de crainte que notre entourage ne les comprenne pas ou refuse de les accepter si nous les verbalisons. Mais c'est seulement en honorant et en reconnaissant nos véritables sentiments que peut s'opérer notre rétablissement affectif et que nous pouvons aller de l'avant.»

— SUE PATTON THOELE
Sagesse de Femme

Mon rétablissement affectif doit évidemment passer par la reconnaissance de mes sentiments, de mon état affectif. En admettant honnêtement mes sentiments, je peux commencer à débroussailler ma vie et voir plus clairement les motifs de mes agissements. En admettant que j'ai été blessé et en pleurant mes peines, je deviens en quelque sorte le propriétaire de mes angoisses et des mes frustrations. Aujourd'hui, je reconnais que je suis humain, que mes sentiments sont importants et qu'ils doivent trouver leur expression dans ma vie.

Soigner son apparence

Dans notre société, les apparences sont très importantes. En soignant mon apparence, je serai en mesure d'ouvrir le plus grand nombre de portes. Les gens auront tendance à me regarder et à m'entendre plutôt que de demeurer fixés sur mon apparence. Évidemment, les gens aiment créer de l'effet avec leur apparence. Mais je suis conscient de l'effet que je crée avec ma tenue vestimentaire et mon apparence physique.

La joie de la solitude

«En dépit de toute l'affection que nous portons aux êtres qui nous sont chers, il peut arriver que, pendant leur absence, nous ressentions une paix inexplicable.»
— ANN SHAW

Lorsque je suis seul, je peux m'entendre, je peux retrouver mon espace et ma paix intérieure. Je recherche maintenant ces moments de solitude qui m'emplissent et me ramènent à moi. Je ne dois pas fuir la solitude mais plutôt l'accueillir comme un vieil ami.

Auparavant, je ne désirais pas me retrouver seul car alors, je devais affronter les fantômes du passé. Je peux encore connaître des moments difficiles mais je sais que je peux les surmonter. Si je me sens envahi par des sentiments d'angoisse et de colère, je m'occupe à faire autre chose, je participe à une rencontre d'amis ou je prends tout simplement le téléphone pour entrer en communication avec une personne aidante.

Ma façon d'être

«La seule chose que vous avez à offrir à un autre être humain, en tout temps, c'est votre propre façon d'être.»

— RAM DASS

Je ne peux pas vraiment donner des choses aux autres. Ce que les gens autour de moi désirent, c'est moi. Ils veulent me connaître. Ils veulent contribuer à ma vie. Ce que je peux offrir aux autres c'est moi, ma façon d'être, ma façon de voir et de vivre. Si je désire éloigner les gens de moi, je leur donnerai des choses matérielles au lieu de m'offrir moi-même.

Approcher la fin d'un projet

Je me suis rendu compte que dans le cycle de réalisation d'un projet il y a deux moments cruciaux. Au début, je dois employer beaucoup d'énergie pour mettre les choses en mouvement et pour commencer à leur donner une forme. Puis, lorsque j'approche la fin du cycle, je dois pouvoir persévérer et atteindre mon but. En sachant cela, je ne me décourage pas. Je sais que je dois mettre toute l'énergie et tout le temps nécessaires pour permettre le décollage de mon projet. Bien sûr, des difficultés particulières se présentent au début. Je sais toutefois que je dois être patient et réaliser toutes les actions nécessaires pour concrétiser mon projet. Ensuite, lorsque j'approche de la fin, je sais que je dois traverser une autre phase exigeante. Lors de cette période, je dois confronter la résistance finale. Je ne dois surtout pas me décourager.

Aujourd'hui, je me donne tout ce dont j'ai besoin pour réussir. Je suis armé de patience, de vigilance et de courage. Je comprends qu'il y des difficultés particulières qui se présentent à chaque fois que je cherche à réaliser mes buts et je ne me décourage pas.

J'assainis mes relations pour être heureux

Il y a des êtres qui sont sincèrement engagés dans un processus de développement et de croissance. Ils désirent apprendre et faire le bien. D'autres cherchent plutôt à profiter des autres. Ils peuvent aisément nous entraîner dans des situations malsaines car ils n'ont pas développé un très haut niveau de responsabilité. On peut rapidement découvrir qui sont ces gens. Ils peuvent présenter une belle façade mais ils ne s'engagent pas à fond. Ils ont tendance à laisser tomber les gens et les projets.

Je vois maintenant que si je n'agis pas rapidement pour assainir mes relations, je pourrai en subir les conséquences. Je dois toujours être vigilant dans la sélection de mes amis et de mes collègues afin de m'assurer que je suis en présence d'êtres sécuritaires qui désirent vraiment mon bien.

Les gestes de compassion

Dans nos sociétés modernes, la compassion semble avoir perdu sa place. On se méfie de l'autre. On cherche à éviter les contacts et à se mêler de ses affaires. Mais je n'ai qu'à m'ouvrir les yeux pour voir qu'il y a plein de gens qui souffrent ou qui cherchent à s'en sortir. Je peux être un instrument d'amour et de compassion. Les actions de compassion peuvent être si simples et si curatives.

Ma grandeur

Nous devons nous poser une question fondamentale: quelle est l'étendue de notre responsabilité? Je peux admettre sans réserve que je suis responsable de moi-même. Je pourrais aussi admettre aisément que je suis responsable de mes enfants et de ma famille immédiate. Si je suis chef de section, contremaître ou superviseur, je sais que je suis responsable de mon secteur et de mes employés. Mais au-delà de ces zones immédiates, j'arrive mal à définir mon niveau de responsabilité. J'ai l'impression que je ne peux pas être responsable des zones à l'extérieur de mon contrôle direct. Mais voici le nœud de la question: au fur et à mesure que j'étends mon champ de responsabilité, j'atteins un plus grand niveau de conscience et de maîtrise.

Prendre le temps de vivre

Être bien dans sa peau implique prendre le temps de
vivre, de respirer, de se reposer, de s'amuser et de rire.
Chaque jour est rempli d'occasions de prendre le
temps de vivre. Dans notre course éffrénée, nous
oublions parfois de prendre le temps de rire, de s'a-
muser et de jouir des petits moments de plaisir et de
détente. Aujourd'hui, je me donne la permission de
jouir de chaque instant et de me faire plaisir.
Aujourd'hui, je suis bien dans ma peau car je trouve le
temps de me dorloter et de me faire plaisir. Je suis
attentif aux petites choses qui réchauffent mon cœur et
me donnent envie de jouer.

Le travail est noble

«La sécurité est en général une superstition. Elle n'existe pas dans la nature et les êtres humains, dans l'ensemble, ne la connaissent pas. Éviter le danger n'est pas plus sain à la longue que de s'y exposer carrément. La vie est soit une aventure audacieuse, soit rien du tout.»

— HELEN KELLER

Le travail est source de liberté et d'autonomie pour l'individu et pour la société. En travaillant, je me rends utile et je me taille une place dans la société. En travaillant assidûment, je deviens indispensable. En étant productif, je me réalise. Pour être réellement libre et heureux, l'individu doit être autonome et auto-suffisant. En travaillant, je peux voler de mes propres ailes. En étant productif et compétent, je gagne le respect et l'admiration des autres. C'est en travaillant honnêtement que je peux atteindre tous mes objectifs.

Je complète mes projets

*«Le premier secret de l'efficacité consiste à entretenir
une franche répulsion pour l'inachevé. L'inachevé est
un dévoreur d'énergie, un sabreur d'efficacité.
L'accepter passivement, c'est comme laisser à l'enne-
mi l'occasion de s'infiltrer dans tes positions, de gagner du terrain. Bientôt, toute action sera paralysée.»*
— FRANÇOIS GARAGNON
Bréviaire de l'homme d'action

Le chemin de la réussite et de l'estime de soi passe par
des cycles d'action complets. Lorsque je laisse quelque chose d'incomplet dans ma vie, j'en ressens les
effets. Je m'habitue à toujours compléter mes projets.
Si je sens que je ne serai pas en mesure de compléter
un projet au départ, je ne l'entame tout simplement
pas.

Dans le passé, je n'ai pas toujours complété tous les
projets que j'ai entrepris. J'avais toujours une bonne
raison pour abandonner un projet: manque de temps,
manque d'argent, manque d'intérêt, etc. Mais à présent, je vois que le chemin de la réussite et de l'estime
de soi passe par des cycles d'action complets.

Voler de ses propres ailes

Je prends plaisir à voler de mes propres ailes. J'ai toujours su que pour être réellement libre et heureux, je devais être autonome et autosuffisant. J'ai parfois craint de ne pouvoir suffire seul à mes besoins mais à présent, je sais que nulle autre personne sur terre ne peut m'appuyer et m'aimer autant que moi.

J'ai toujours su qu'en travaillant je pouvais préserver mon indépendance et ma dignité. Je n'attends pas qu'on me dise quoi faire ou ne pas faire. Je suis une personne compétente et productive. En travaillant, je m'actualise!

À bas la procrastination!

Je suis en action! J'ai trop souvent attendu avant de m'occuper de certains problèmes ou de certaines situations difficiles. Fini la procrastination! Je prends mon courage à deux mains et j'agis. Je sais que je suis suffisamment responsable et capable pour assumer les conséquences de mes choix et des mes actions.

L'indépendance financière

Je travaille pour mon indépendance. Je vois comment notre société encourage l'endettement et la dépendance envers les institutions financières. Aujourd'hui, je m'emploie à rembourser mes dettes. J'emprunte seulement si je sais que je peux rembourser promptement ma dette et j'utilise mes ressources de façon intelligente afin de favoriser mon indépendance financière.

La corruption

«La corruption peut rapporter beaucoup. Mais celui qui en fait usage doit savoir qu'un jour il ne trouvera la sérénité nulle part sous le ciel.»
— FRANÇOIS GARAGNON
Bréviaire de l'homme d'action

Évidemment, je travaille pour bien gagner ma vie mais je n'accepterai pas de compromettre mes principes d'intégrité personnelle pour un gain financier. Je suis suffisamment intelligent pour reconnaître que le crime et la corruption prennent des formes parfois banales et anodines. On ne voit pas nécessairement les conséquences de ces petits gestes malhonnêtes. Mais, même si l'on peut commettre ces petits crimes sans se faire prendre, on doit vivre avec nous-mêmes tous les jours et pour le reste de notre vie. En dernier lieu, on sait dans le fond de notre cœur qu'on a commis un crime ou transgressé les règles.

Je suis ma propre entreprise

J'ai appris à me percevoir comme si j'étais une entreprise. Une entreprise possède une mission, des objectifs, des ressources et une force de travail. Je sais que je dois investir dans mon propre développement professionnel. Je dois définir ma mission et mes objectifs. Je dois faire l'acquisition et l'entretien de ressources productives. Je dois chercher à augmenter l'efficacité de ma force de travail. Je suis, en quelque sorte, le PDG de ma propre entreprise et je dois me comporter en bon gestionnaire.

Mon travail est ma ressource la plus chère. Cette ressource me permettra d'alimenter mon développement et de bâtir mon avenir. Je n'attends pas qu'on m'offre quelque chose. Je fais des plans et je les mets en action.

L'abondance

Maintenant, je vise l'abondance. L'abondance, c'est l'augmentation rapide et maintenue de ma production et de mes actifs. Je sais que toute chose qui ne grandit pas est appelée à disparaître, alors je cherche à augmenter ma production et à faire croître mes actifs. En agissant ainsi, je deviens plus fort et plus autonome.

Je récolte les fruits de mon travail

«Toute personne qui a la volonté de travailler pour parvenir à l'estime de soi mérite grandement cette estime et toutes les bonnes choses qui en découlent.»
— SHARON WEGSCHEIDER-CRUSE
Apprendre à s'aimer

Je récolte les fruits de mon travail et de ma persévérance. Je peux me féliciter pour le beau travail que j'ai accompli et prendre plaisir au fait que je suis maintenant la personne que je veux être. Ce n'est pas tant dans l'accomplissement matériel que je trouve ma satisfaction, mais dans mon cœur. Je peux me faire confiance maintenant.

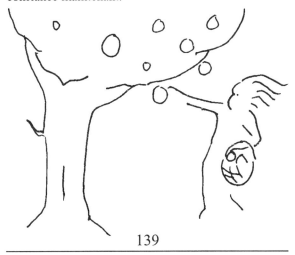

J'approfondis mes connaissances

La clef de mon succès réside dans *l'approfondisse-ment de mes connaissances*. La curiosité est la source de l'invention et de la découverte. Je sais que je dois faire mes propres recherches et trouver mes propres réponses. Plus je cultive mes connaissances, plus je les applique pour augmenter ma performance et la qualité de mon travail, plus je me réalise. Je me rends compte que l'éducation ne se limite pas à l'instruction formelle dans les écoles. Je dois chercher à parfaire mes connaissances tous les jours et pendant toute ma vie.

Aujourd'hui, j'approfondis mes connaissances. Je suis venu ici pour apprendre et pour grandir. Je sais qu'en apprenant, en cultivant mes connaissances, je me réalise. Je n'attends pas les réponses toutes prêtes des experts et des gurus, je fais mes recherches moi-même. Je suis à la recherche de ma vérité.

L'aspect spirituel du travail

«De manière générale, l'accomplissement implique une certaine forme de pouvoir, de contrôle, de potentiel à maîtriser, de la volonté et de la croyance dans une personne qui peut accomplir une tâche. À un niveau plus élevé, cela ne veut pas uniquement dire accomplir une tâche, mais aussi être conscient que cette tâche est complète. En fait, le plus haut niveau d'accomplissement est probablement la sensation d'avoir contribué à quelque chose, ce qui donne de la valeur à cette tâche.»

— CHARLES L. WHITFIELD
L'Enfant intérieur

Au-delà de toute autre considération, le travail permet à l'individu de s'élever aux plus hauts rangs de la société. Mais le travail a aussi un aspect spirituel. En travaillant, je reconnais que je suis l'architecte de ma propre vie. J'ai pris conscience qu'il y a toujours quelque chose à faire et à laquelle on peut contribuer. En travaillant, je renforce ma relation avec moi-même et avec les autres. Le travail est vertueux car il confère l'amour-propre et la liberté.

L'intérêt

Vous avez sans doute entendu l'expression: «L'appétit vient en mangeant». Alors moi je dis: «Le goût du travail et l'intérêt que l'on y porte viennent en travaillant». Les gens qui n'aiment pas leur travail ne sont pas ceux qui travaillent trop durement mais ceux qui sont oisifs au travail. La bureaucratisation et la division du travail nous ont laissé des emplois parfois très répétitifs et monotones. Mais étant donné que l'individu se réalise dans son travail, il doit chercher un emploi qui comble ses aspirations et lui permet de s'accomplir.

Être ponctuel

J'intègre la ponctualité comme une valeur de base dans ma vie. Je sais que la ponctualité est extrêmement importante pour les gens car ils ont eu de mauvaises surprises et, parfois pire, ils ont été rejetés ou abandonnés. En étant ponctuel, je sécurise les gens qui m'entourent. En étant ponctuel, je leur dis: «*Tu es suffisamment important(e) pour que je respecte mon engagement envers toi.*» La ponctualité ne peut pas être remplacée par de belles explications. La ponctualité est vertueuse.

L'action

Aujourd'hui, je suis en action et c'est dans l'action que je me réalise. Il ne s'agit pas simplement d'agir pour agir. Je cherche plutôt à créer un effet désiré et durable. Alors je sais qu'en action je dois non seulement décider mais je dois aussi poursuivre pour maintenir mon élan et persévérer jusqu'à ce que j'atteigne mon objectif.

La ténacité

Aujourd'hui je récolte les fruits de ma ténacité. L'univers respecte les êtres les plus tenaces et se livre seulement à eux. Ces êtres, qui refusent de se soumettre aux apparences, à la médiocrité, à la malhonnêteté et à la lâcheté, ne seront pas engloutis dans la tourmente lorsque l'univers physique cédera et livrera ses vérités.

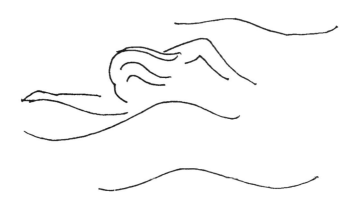

La vie est une aventure

«Aujourd'hui je vivrai pleinement; je me jetterai tête première dans l'aventure qu'est la vie. Je n'esquiverai pas les risques. Depuis trop longtemps ma vie se caractérise par l'ennui issu de la routine. En cherchant la sécurité, je me suis encroûté dans une routine qui finit par ressembler à une tombe. Aujourd'hui, je veux explorer et élargir mes frontières sur les plans physique, mental et spirituel. Je veux éprouver l'euphorie provenant de mes nouvelles expériences.»

— ROKELLE LERNER
L'Enfant intérieur - Un jour à la fois

Je crois que je peux créer exactement la vie que je veux vivre. Il n'est pas nécessaire de faire des compromis. Je peux être heureux et épanoui dans toutes les sphères de ma vie. Lorsque je traite la vie comme une merveilleuse aventure, je m'ouvre à découvrir de nouvelles choses et à vivre de nouvelles expériences. Je peux recomposer ma vie avec de nouveaux éléments. Aujourd'hui, je pars à l'aventure avec la conviction que je découvrirai le bonheur.

Être heureux

«La vraie façon d'être heureux, c'est d'aimer notre travail et d'y trouver notre plaisir.»
—FRANÇOISE DE MOTTEVILLE

Je me suis rendu compte que le travail peut être un jeu, qu'il peut être une source de plaisir et de joie. Je n'attends pas que le travail soit terminé pour m'amuser. Je m'amuse au travail. Je n'attends pas ma retraite pour vivre. Je peux vivre et être heureux en travaillant. En travaillant, je peux bâtir, je peux me réaliser, je peux m'exprimer. Aujourd'hui, je me donne à mon travail car en me donnant, je me retrouve et je me découvre.

Mes habiletés

«Si tu fais germer ce qui est en toi, ce qui est en toi assurera ton salut. Si tu ne fais pas germer ce qui est en toi, ce qui ne germera pas te détruira.»

— JÉSUS-CHRIST

Chaque personne a des habiletés qui lui sont propres, ainsi que des qualités et des aptitudes spécifiques qui lui permettent de se réaliser. Lorsqu'on est à la recherche d'un emploi ou si l'on désire entreprendre une nouvelle carrière, on doit se demander: Comment pourrais-je utiliser mes habiletés spécifiques dans l'accomplissement d'un travail qui me fait plaisir? Il existe un rapport entre mes aptitudes, mes talents et mes forces et le genre de travail qui me convient. Trop souvent, les gens choisissent un travail ou une carrière en fonction de critères qui ne sont pas vraiment très importants: le prestige, ce que ma famille attend de moi, le salaire, la proximité. J'ai des qualités qui me sont propres. Je dois accepter le défi de développer mes capacités et mes talents indépendamment de toute autre idée préconçue, de tout autre facteur. Je dois être fidèle à ma nature et à mes habiletés. En choisissant un travail qui convient à ma nature, à mon tempéra-ment, à mes talents, je mets toutes les chances de mon côté pour réussir. Et si je ne gagne pas un très gros salaire, je serai tout de même heureux et complet.

Faire ce que je dois

«Mettez tout votre cœur, votre esprit, votre intellect et votre âme dans le moindre de vos gestes. Tel est le secret de la réussite!»

— SWAMI SIVANADA

Je prends conscience qu'ultimement je dois me fier à mon propre jugement et faire ce que je dois. Je peux écouter les bons conseils de mes amis, de ma famille, des experts dans le domaine, mais ultimement je dois vivre avec les conséquences de mes actes. Alors je dois formuler en moi les réponses spécifiques aux situations et aux problèmes auxquels je fais face.

Je dois être en mesure de me tailler un chemin dans cette société. Je dois développer ma propre formule, ma propre recette. Je peux emprunter des éléments ici et là, mais je dois pouvoir créer mes propres stratégies.

Aujourd'hui, je suis heureux de recevoir les conseils et les opinions des autres mais je sais que je dois, en fin de compte, écouter mon cœur et faire ce que je dois faire.

Le travail simple

«En faisant une tâche qui doit être faite et refaite, nous reconnaissons les cycles naturels de la croissance et de la détérioration, de la naissance et de la mort; ainsi, nous nous rendons compte de l'ordre dynamique de l'univers. Le travail «simple», c'est celui qui reste en harmonie avec l'ordre que nous percevons dans l'environnement naturel.»

—FRITJOF CAPRA

Je crois qu'il y a quelque chose de très nourrissant dans le travail simple qu'on accomplit à chaque jour. Dans ce travail, je trouve mon équilibre. Lorsque je complète une tâche comme mettre de l'ordre dans la maison, faire du repassage ou laver la vaisselle, j'ai l'impression de mettre ma vie en ordre. Ces petites tâches quotidiennes ne me demandent que très peu d'efforts intellectuels. Je peux donc accomplir ces travaux en pensant à des choses qui me préoccupent ou en planifiant d'autres activités. Le travail quotidien est une forme de méditation pour moi.

Aujourd'hui, j'accomplis des tâches simples et de cette façon, je mets de l'ordre dans ma vie, je bouge et j'avance.

La résolution de problèmes

Pour réussir, je dois pouvoir faire face aux problèmes qui surgissent dans ma vie et les résoudre. Si je tente de les éviter, ils referont surface tôt ou tard et je devrai travailler plus ardemment pour les résourdre car je leur aurai résisté fondamentalement. Mais si je développe une attitude qui me permette d'accueillir les problèmes un peu comme on accueille un vieil ami, je ne serai jamais pris au dépourvu. Le problème peut être perçu comme un obstacle ou une barrière, ou tout autrement. Il peut aussi être vu comme une variation intéressante dans un jeu, un ajout de piquant et d'intrigue à ma vie. Je peux accueillir joyeusement les problèmes car ils me permettront de dépasser mes limites initiales pour aller plus loin et devenir encore plus fort.

Aujourd'hui, j'accepte que la clef de mon succès réside dans ma capacité à résoudre des problèmes. Au lieu de tenter de fuir ces problèmes, je les accueille.

Bâtir un avenir

«Vous ne deviendrez jamais une personne gâtée si vous faites votre propre repassage.»
— MERYL STREEP

Le travail me ramène à ce qu'il y a d'essentiel dans la vie: bâtir. Je suis le seul responsable de ma vie et de mon bien-être. En travaillant, je me réalise. Je contribue à la société. J'assume l'entière responsabilité de la place que j'occupe dans ma famille, dans ma communauté, dans le monde. Lorsque je laisse les autres travailler à ma place, je perds ma place. Aujourd'hui, je me retrousse les manches et je travaille.

Je peux me lever à chaque matin pour gagner ma vie. Et cela est très honorable en soi. Mais je suis capable de faire plus. Je peux bâtir. Avec mon travail, mon intelligence et ma créativité, je peux me bâtir un avenir plus grand, donner naissance à une entreprise et la développer afin qu'elle persiste après mon départ. Je suis venu ici pour créer des liens, pour dépasser mes limites, pour ajouter quelque chose qui n'était pas là. Aujourd'hui, mon travail vivant me permet de bâtir quelque chose de plus grand, quelque chose de nouveau, quelque chose de beau qui contribue aux êtres qui partagent cette planète avec moi.

Accepter l'aide des autres

J'avais décidé que j'allais travailler seul. J'allais m'en occuper moi-même. Je n'avais pas besoin de l'aide des autres. Ma décision avait été fondée sur l'idée que j'allais atteindre de meilleurs résultats en travaillant seul et que l'intervention des autres ne pouvait que me ralentir. Évidemment, c'est parce que j'avais connu de mauvaises expériences. Et à partir de ces expériences, je m'étais replié sur moi-même. Avec le temps, je me suis rendu compte que je ne pouvais travailler seul que pendant un certain temps. Éventuellement, j'allais devoir accepter l'aide des autres.

Le travail de groupe peut être une expérience magnifique. Mais j'ai dû me rendre à l'évidence que le travail de groupe était d'une toute autre nature que le travail individuel. Le travail de groupe demande beaucoup de communication, de bonne volonté et une courtoisie fondamentale. Les récompenses du travail en groupe sont énormes. On peut bâtir ensemble. On peut accomplir de grandes choses en groupe. On peut vivre des expériences de partage et de complicité incroyables.

Aujourd'hui, je sais que je peux travailler seul ou en groupe. Je ne me limite plus et je m'ouvre à la collaboration et au travail d'équipe.

J'ai oublié ma retraite

«La question la plus persistante et urgente dans la vie est, Qu'est-ce que vous faites pour les autres?»
—MARTIN LUTHER KING, FILS

Il existe un discours en société qui s'exprime essentiellement comme suit: *En travaillant intelligemment et en économisant, je pourrai prendre ma retraite lorsque je serai encore assez jeune pour vraiment profiter de la vie.* Cette forme de pensée n'est pas vraiment fertile car elle nous propulse encore dans l'avenir et nous fait oublier la magie du moment. Le travail n'est pas quelque chose que l'on fait en attendant notre retraite. Le travail, c'est la vraie vie qui se déroule maintenant. Aujourd'hui, j'aime que mes journées soient remplies d'activités, de rencontres et d'engagements. Pour moi, la vraie vie, la seule vie se déroule maintenant. Je n'échangerais pas cette vie intense pour une autre.

Le courage de réussir

On doit mettre autant d'énergie à réussir qu'à essuyer un échec. Il y a autant de travail, autant de difficultés dans le succès que dans l'échec. Je me suis rendu compte qu'on doit travailler activement pour grandir ou pour rester petit. C'est le même effort mais à l'inverse. Lorsqu'on ne met pas d'efforts ou d'énergie dans l'atteinte de nos buts, on dépense une énergie folle à résister à ce qui vient naturellement. L'être cherche naturellement à se manifester et à vivre le succès dans ses entreprises. On doit mettre beaucoup d'efforts pour ne pas permettre sa pleine réalisation.

Donc, le succès demande un certain courage, le courage de se rendre compte des décisions et des obstacles qu'on a mis sur le chemin de notre propre réussite. Cet exercice demande énormément de discernement et de rigueur. Mais lorsqu'on est disposé à faire l'inventaire de nos limites, de nos décisions et de nos barrières, on crée déjà une ouverture vers le succès.

Le succès demande une autre forme de courage, le courage de vivre une vie plus grande, plus exigeante et de dépasser les limites de ce qui est déjà connu. Aujourd'hui, je prends mon courage à deux mains et j'avance vers le succès.

Je suis créatif

Plus je me découvre, plus je réalise que je possède une étonnante capacité à créer. Je découvre aussi que je suis responsable de cette capacité. J'ai le choix de créer le bonheur dans ma vie.

À mesure que je progresse, cette capacité de créer se révèle à travers mes aptitudes et mes talents. Que ce soit dans le travail, le dessin, la peinture, la sculpture, l'écriture ou tout autre moyen par lequel j'exprime cette créativité, j'exploite mes ressources dans la joie et l'amour. Plus je crée et plus je me rends compte du potentiel infini qui m'habite.

Aujourd'hui, j'explore ma créativité. J'apprends à m'exprimer à travers mes talents et mes aptitudes. Mes accomplissements deviennent une source de plaisir et de fierté.

La clef du succès

«Si l'on désire comprimer quelque chose on doit tout d'abord le laisser s'étendre. Celui qui demande trop au début en demande trop et, à la fin, ne réussit rien.»
— LE I CHING

Il n'existe pas mille et une façons de réussir sa vie professionnelle. On doit tout d'abord choisir un domaine qui nous intéresse et ensuite on doit y travailler assidûment pendant un bon nombre d'années pour être en mesure de bien cerner tous les aspects de l'entreprise. En se plantant solidement les pieds dans ce secteur et en s'imposant progressivement, on sera en mesure de commander le respect et la collaboration de nos pairs. Les fréquents changements d'orientations et de champs d'intérêts mènent sans doute à la découverte mais pas nécessairement au succès.

Aujourd'hui, je prends la décision de poursuivre dans le domaine que j'ai choisi car je sais que je réussirai à y tailler ma place.

Le pouvoir de mes rêves

«J'ignore quel sera votre destin, mais une chose est sûre : parmi vous, les seuls qui connaîtront le bonheur sont ceux qui auront cherché et trouvé comment servir autrui.»

— ALBERT SCHWEITZER

Je peux formuler mentalement les buts que je désire atteindre. Si je désire obtenir tel ou tel résultat, je dois pouvoir l'imaginer comme si je l'avais atteint. Voilà le pouvoir de mes rêves. Je peux imaginer mon avenir. Je peux construire mentalement la situation, le contexte de vie que je désire. Cette construction mentale devient alors un guide pour moi.

Si je ne me donne aucun but, aucun rêve, comment puis-je me rendre compte de mon évolution? Mon imagination peut guider mes actions. Aujourd'hui, j'utilise mes rêves pour me guider et pour m'inspirer.

Le labeur des autres

«Cent fois par jour je me redis que ma vie intérieure et extérieure dépend du labeur d'autres hommes, vivants et morts, et que je dois m'efforcer de donner dans la mesure où j'ai reçu et où je reçois encore.»
— ALBERT EINSTEIN

Je me suis rendu compte que je dois travailler chaque jour afin de gagner ma place dans la société. Je ne peux pas me contenter de vivre du labeur des autres. La tentation peut être très grande de vivre aux crochets de l'État, simplement par frustration ou par résignation. Mais je ne travaille pas seulement pour gagner ma vie. Je travaille pour renforcer mon estime personnelle, pour être en rapport avec les autres, pour contribuer au bien-être d'autrui. Aujourd'hui, je reconnais l'importance de faire ma part.

Ce que je fais est important

«La moindre tâche de la vie quotidienne participe à l'harmonie globale de l'univers.»
— SAINTE THÉRÈSE DE LISIEUX

Toute tâche, tout travail qui contribue à l'harmonie globale de l'univers est bon. Il n'y a pas de sot métier. Le laveur de vitres, la femme de ménage, le plombier, le scientifique, tous jouent un rôle dans cette harmonie globale de la vie sociale. Aujourd'hui, je suis fier du travail que j'accomplis. Je suis heureux de pouvoir contribuer à l'harmonie globale.

Ma contribution

Un jour à la fois

Comme on bâtit une maison en commençant par la fondation, on doit bâtir notre avenir en faisant une action, une tâche à la fois et un jour à la fois. J'ai l'occasion aujourd'hui de faire un pas de plus vers mon objectif. Je garde mon but en tête et je travaille assidûment afin de l'atteindre. Je ne me décourage pas car je sais que la satisfaction vient d'une journée de travail bien accompli. Je prends plaisir à donner mon maximum dans toutes les tâches que j'accomplis et de cette façon, j'amplifie mon bonheur et ma fierté personnelle.

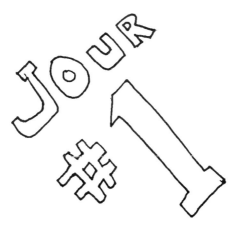

La communication

Je suis ici pour établir des liens, pour communiquer. La communication implique l'émission et la réception de messages. Avec la communication, nous pouvons vaincre la solitude, faire lever la confusion, toucher l'autre et bâtir notre futur.

Je peux résoudre les difficultés et les conflits

Je reconnais que la majorité des difficultés et des conflits peuvent être résolus par la communication. Lorsque je parle ouvertement et que je donne la permission aux autres de communiquer ouvertement, je deviens plus grand que les problèmes. Les malentendus et les disputes ne peuvent pas résister à la lumière de la communication. Les relations que j'entretiens méritent ma franchise et mon attention. Je suis honnête avec moi-même et avec les autres. Je m'habitue donc à parler ouvertement.

Je prépare le terrain

Avant de parler d'un sujet difficile ou d'émettre une critique, je prépare le terrain. Je valorise mon rapport avec la personne, ce qui veut dire qu'avant d'aborder un sujet difficile, je lui dis comment notre relation est importante pour moi. Je prends ensuite le temps d'expliquer pourquoi je veux aborder le sujet en question et je n'oublie pas d'accepter que la personne me réponde franchement. En préparant le terrain de la communication, je peux atteindre tous mes objectifs et renforcer mes relations.

Lire entre les lignes

Je suis attentif aux messages sous-jacents. Peu de personnes ont maîtrisé l'art de la communication authentique. Elles sont donc contraintes à des formes de communication plus indirectes et, parfois, plus sournoises. Il y a bien sûr des messages non verbaux, mais il y a aussi beaucoup de sous-entendus qui risquent d'être ignorés si je ne suis pas attentif. Alors je suis à l'écoute et je tente de lire entre les lignes. En posant les bonnes questions, je suis en mesure de bien comprendre mon interlocuteur et la situation.

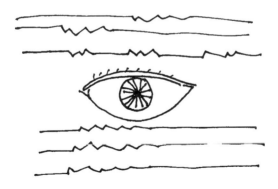

Je suis en communication avec moi-même

Aujourd'hui, je suis en communication avec moi-même. Je suis en contact avec mes sentiments et je prends conscience de ce qui est important pour moi. Aujourd'hui, je me donne toute la place. Lorsque j'étais plus jeune, j'ai compris qu'on ne devait pas être égoïste. Mais à présent, je sais qu'il est sain de s'accorder une place prioritaire dans sa propre vie. Aujourd'hui, je m'occupe du numéro un — moi.

Écouter avec son cœur

«Écouter avec son cœur est complètement différent d'écouter avec ses oreilles. Peu de gens savent comment le faire, et très peu de parents écoutent leurs enfants de cette façon. Écouter avec son cœur signifie être véritablement intéressé, ouvert et attentif. Cela signifie avoir envie d'entendre, d'apprendre, d'être surpris — sans qu'il soit nécessaire de discuter, d'interrompre ou de donner des conseils (c'est la partie la plus difficile!). Écouter avec son cœur signifie ne pas imposer son point de vue, mais découvrir ce qu'est la vie selon la perspective de votre enfant. C'est écouter avec le sens de l'émerveillement. Quand vous écoutez avec votre cœur, votre enfant sent qu'il peut tout vous dire, parce qu'un enfant qui est avec un adulte réceptif s'ouvre et partage sans condition.»

— JUDY FORD
Les Merveilleuses façons d'aimer son enfant

Aujourd'hui, j'écoute avec mon cœur. Je sais que si je désire réellement être en relation avec quelqu'un je dois créer un espace propice à la communication. Je peux créer cet espace en étant réceptif ct ouvert à l'autre, à ses besoins et à ses communications.

Libre expression

Je suis très reconnaissant de pouvoir m'exprimer librement. La libre expression est le fondement de l'évolution, de la créativité et de la communication. J'utiliserai sagement ce privilège pour reconnaître et pour partager la vérité, et pour semer l'harmonie et la paix dans ma famille et dans ma communauté.

Tendre la main

«Aujourd'hui, j'ose avancer sur un nouveau sentier où la sécurité et le confort ne sont pas les buts recherchés. J'ose tendre la main vers mes semblables et faire partie d'une société dont les buts sont la paix, l'amour, la joie et la guérison.»

— RUTH FISHEL
S'aimer - Un jour à la fois

Je dis au revoir à la solitude et j'entre en communication avec les autres. Si je suis seul, c'est que je me suis isolé en me repliant sur moi-même. Si je suis bien entouré mais que malgré tout je me sens seul, c'est que j'ai cessé d'être en communication avec mon entourage. Je peux briser l'isolement en communiquant. Je peux tendre la main.

J'ajuste mes communications

Lorsque j'étais plus jeune, dans ma famille d'origine, j'ai pris la mauvaise habitude de parler brusquement. Mais avec le temps et au fil de mes expériences, j'ai vu que le ton de ma voix et mon intensité naturelle pouvaient brusquer et parfois blesser les gens que j'aimais et avec lesquels je voulais entretenir des relations harmonieuses.

J'ai compris que pour être efficace dans ma communication, je devais savoir m'ajuster à mon audience. La communication c'est quelque chose de très personnel. Pour rejoindre quelqu'un, on doit pouvoir ajuster sa communication. Certaines personnes n'entendent pas les paroles douces et affables. D'autres ne peuvent être en présence de communications verbales fortes ou intenses. Alors, je regarde, j'écoute, et j'ajuste mon mode de communication pour pouvoir rejoindre la personne.

La nature politique de la communication

J'ai appris très jeune que je devais faire attention à ce que je disais, comment je le disais et à qui je le disais. J'ai tellement bien maîtrisé l'art de l'auto-censure que je me suis rendu compte que j'avais arrêté de parler des choses qui me touchaient vraiment. Au fond de moi par contre, j'ai toujours su que j'avais ce désir d'être franc et de communiquer. À présent, je comprends mieux l'importance de la communication dans mes rapports et dans ma croissance personnelle. Je sais que la majorité des difficultés peuvent être résolues par la voie de la communication directe et sincère.

Risquer

Aujourd'hui, je prends le risque d'aimer et d'être aimé. Je me rends compte que je ne serai pas en mesure de grandir et d'apprendre si je fonde ma vie sur l'accumulation des choses et sur la préservation de mon corps. Je dois être en relation et en communication pour vivre.

La pollution verbale

Aujourd'hui, je cultive l'écologie verbale. Il existe diverses formes de pollution. La forme la moins connue étant la pollution verbale. Aujourd'hui, je réfléchis avant de parler; j'utilise les mots pour établir des liens et non pour remplir un espace vide.

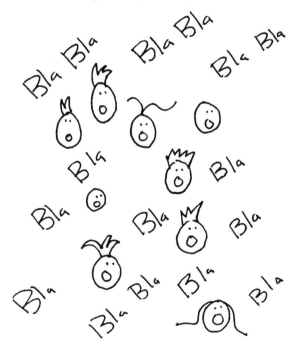

Parler ouvertement

Maintenant, je me permets de parler ouvertement avec tous mes amis, mes proches et mes collaborateurs. J'ai compris, avec le temps, que les choses qui me préoccupaient mais que je n'arrivais pas à partager avaient tendance à s'amplifier et à s'aggraver. Maintenant, lorsque je suis préoccupé par quelque chose, j'en parle avec la ou les personnes concernées.

Sortir pour explorer

Aujourd'hui, je sors pour explorer le monde et j'anticipe une merveilleuse aventure. J'ai compris qu'en demeurant seul chez moi ou en me recroquevillant dans ma routine, je rate l'opportunité de vivre pleinement et de réaliser tout mon potentiel. J'entreprends dès maintenant ce voyage qui mène à la découverte de moi. En communiquant, je cherche maintenant à établir un pont entre moi et les autres.

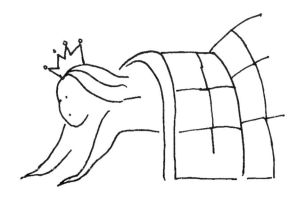

Sourire

Lorsque je souris, j'ouvre une porte. Mon sourire indique à l'autre personne que je suis disposé à recevoir sa communication et à établir un lien. Je peux sourire pour inviter les gens à communiquer avec moi. Je peux sourire pour mettre les gens à l'aise et pour les inviter à être près de moi. Je peux sourire pour réconforter quelqu'un. Je peux sourire pour dire *Je t'aime.*

Le sourire est un petit cadeau. Je peux l'offrir plus librement aux gens qui m'entourent ou à ceux qui croisent mon chemin tout simplement. Aujourd'hui, je souris car le sourire est le prélude d'une communication joyeuse.

Mon désir d'être en relation

Comment puis-je être en relation si je ne communique pas? Certes il y a une communication dans le silence ou dans le non-verbal. Mais une relation demande quand même un peu d'attention et de travail. Si je désire fonder et approfondir des relations nourrissantes, je dois communiquer.

La communication ne se limite pas à dire des mots ou à exprimer sa façon de penser. La communication est une route à deux voies. Je dois pouvoir m'exprimer librement, authentiquement et laisser à l'autre la possibilité d'en faire autant. Si je refuse de recevoir ou d'émettre des communications, je ne serai pas vraiment en relation avec l'autre. Je dois être disposé à recevoir et à donner des communications pour établir des liens. Aujourd'hui, je cherche à être en relation avec les autres donc je favorise les communications.

Établir ou briser les liens de la communication

Je peux établir ou briser des liens de communication. Je ne suis pas passif devant ce phénomène de la communication. Je choisis de communiquer ou de me taire, et je choisis de recevoir des communications ou de ne pas en recevoir. Je suis responsable de la communication que j'établis ou n'établis pas. Cela peut paraître un peu simpliste, mais j'exprime ici une vérité fondamentale: je suis libre de communiquer ou pas.

Parfois, et pour de multiples raisons, je ne désire pas recevoir de communication. C'est mon droit. Ensuite, je désire être en communication et cela est aussi mon droit. De la même façon, il y a des gens avec qui je ne désire pas entretenir des liens de communication. Alors, je suis entièrement libre de briser ces liens. Aujourd'hui, je choisis d'établir ou de ne pas établir des liens de communication. Et si je le désire, je peux briser des liens de communication lorsque ces communications ne contribuent pas à mon bien-être.

L'écoute

«Ça prend une oreille en or, vide, pour entendre clairement.»

— M.C. RICHARDS

Pour moi, l'écoute est une vertu. L'écoute signifie être attentif aux autres; être disposé à recevoir, à entendre et à comprendre la communication de l'autre. Cette ouverture à la communication est à la base de toute collaboration, de toute relation. Alors aujourd'hui, je développe mon écoute. Je suis attentif au message qui m'est livré. Je suis réceptif et je crée des ouvertures qui permettent aux gens d'être en communication avec moi. De cette façon, je peux vaincre l'isolement et partager ma vie.

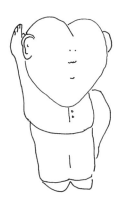

L'affirmation de soi

On pourrait dire que l'affirmation de soi est l'art de livrer directement et efficacement un message, même lorsque l'autre ne veut pas le recevoir. Cela ne signifie pas imposer une communication mais plutôt faire valoir son point de vue, sa demande ou ses besoins, dans une circonstance donnée. Je ne pourrai pas atteindre mes objectifs si je ne suis pas en mesure de m'affirmer.

Lorsqu'on s'affirme, il est important de ne pas utiliser la colère ou l'agressivité. Cette forme d'intensité sert seulement à briser la communication. Par contre, il faut faire preuve de créativité et de patience.

Aujourd'hui, je m'affirme car je me rends compte que mon épanouissement et mon succès passent nécessairement par mon affirmation personnelle.

Le jeu

«Lorsque nous jouons ensemble, nous nous sentons joyeux et insouciants. Nous sommes délivrés de bien des obligations et des responsabilités et nous vivons des moments délicieux. En nous amusant, nous éveillons l'enfant en nous, nous retournons dans le temps, au moment où la vie était neuve et remplie de possibilités. Puisque intérieurement nous demeurons toujours jeunes, nous devons nous amuser autant que possible.»

— DAPHNE ROSE KINGMA
Le Petit manuel de l'amour

Le jeu est un système élaboré de communication. Lorsque j'accepte de jouer un jeu, j'accepte un système de règles, de comportements préétablis et un code de communication très spécifique. Je n'entretiens pas la même relation avec mes adversaires qu'avec mes coéquipiers. Si dans le jeu de la vie, tous les gens sont mes adversaires, j'entretiendrai une forme de communication avec mon environnement qui sera plutôt compétitive ou ouvertement agressive. Si je conçois les gens autour de moi comme étant des coéquipiers, je chercherai à favoriser la collaboration.

Le respect mutuel

Le respect mutuel est sans doute l'élément essentiel de la communication. Comment pourrais-je favoriser l'expression authentique des gens autour de moi si je ne leur accorde pas le respect et le droit d'exprimer leurs propres pensées? Comment pourrais-je m'exprimer librement si je suis face à une personne qui ne me respecte pas? Chaque personne a sa propre expérience de vie, sa propre vision des choses et surtout, le droit fondamental d'être elle-même dans toutes les circonstances. Aujourd'hui, je favorise la communication en respectant les autres et en leur montrant comment me respecter.

Je témoigne mon amour

Les personnes qui m'entourent et qui m'aiment méritent mon attention et mon amour. Je reconnais les gens qui me supportent et me laissent exprimer librement la personne que je suis.

Aujourd'hui, je témoigne mon amour aux gens qui m'entourent. Je leur dis comment je les apprécie et les aime. Je leur dis merci pour tout ce qu'ils font pour moi, mais surtout pour ce qu'ils sont, pour la beauté de leur être véritable. Je peux manifester mon amour par des gestes ou des paroles. Je choisis de manifester mon amour sans condition et sans réserve. Je ne cherche pas à obtenir quoi que ce soit de mon geste, mais plutôt à augmenter ma capacité d'amour. J'exprime mon amour en me basant sur ce que je ressens, non pas sur les réactions de la personne que j'aime. Je peux manifester mon amour de toutes sortes de façons. Mais je reconnais que la plus belle manifestation de mon amour est probablement de laisser l'autre être ce qu'il est.

Le non-dit

«Il est absolument inutile de marcher pour aller prêcher, à moins de prêcher où l'on marche.»
— Saint-François d'Assise

Nous avons appris qu'une part importante de la communication était non verbale. On communique avec nos expressions corporelles et faciales, avec des gestes, des regards, des soupirs, etc. Les actions communiquent aussi des messages importants. De façon ultime, on doit se fier davantage aux actions qu'aux paroles car les paroles peuvent être très faciles à prononcer mais plus difficiles à mettre en action.

J'évalue les gens de mon entourage beaucoup plus en fonction de leurs actions que de leurs paroles. Les personnes fiables et honnêtes respectent leur parole et complètent leurs projets. Les gens moins sincères peuvent dirent toutes sortes de belles choses mais accomplissent très peu. Je désire être une personne intègre et digne de confiance donc je cherche à compléter mes projets et à respecter mes engagements. Le chemin vers l'estime de soi passe par la mise en application de mes principes et par ma fidélité à ma parole.

Les opinions

Tous les gens ont des opinions. Souvent, elles sont fort intéressantes et peuvent être très utiles. On peut vous dire comment élever vos enfants, combien de fleurs vous devez planter dans votre jardin, comment les politiciens pourraient régler nos maux économiques et comment vous devez vivre votre vie. Mais il existe une franche différence entre la personne qui vous parle de son expérience en connaissance de cause et celle qui émet son opinion. On peut acheter des opinions sur un coin de rue pour quelques sous la douzaine, mais le conseil de celui qui a réussi dans un domaine particulier vaut beaucoup plus.

Je suis toujours intéressé par les points de vue des gens. Ils me stimulent et me permettent de regarder les choses sous différents angles. Mais je ne fonde pas mes décisions sur les opinions des gens. Je cherche plutôt à approfondir mes connaissances en faisant ma propre analyse et l'expérience directe de la chose. Et parfois, je consulte quelqu'un d'expérience pour obtenir son conseil.

Parler, ce n'est pas communiquer

Lorsqu'on rencontre des gens qui parlent compulsivement, on se rend rapidement compte qu'ils ne sont pas en communication. On voudrait bien pouvoir les secouer pour qu'ils nous laissent glisser un mot ici et là. Les parleurs compulsifs ne peuvent pas nous aider vraiment, ils ont un cheminement bien particulier à faire. Un jour, peut-être, ils viendront à bout de souffle assez longtemps pour entendre quelque chose d'autre que le son de leur propre voix.

La communication et la santé

Il existe un rapport entre la santé et la communication.
L'être cherche naturellement à établir un lien de communication et d'intimité. Mais lorsque pour une
raison quelconque, l'être se recroqueville sur lui-
même et cesse d'être en communication, il commence
à perdre sa vitalité et sa santé. Aujourd'hui, je cherche
à établir des liens de communication et, de cette
façon, je favoriserai ma bonne santé.

La beauté de la communication

La communication peut être source de joie et de beauté. Lorsque j'entends une musique enivrante, lorsque je regarde un objet d'art créé avec soin et amour, lorsque je lis un roman écrit avec style, je suis touché par la beauté de la communication. L'art est une forme de communication. Une œuvre d'art plaît ou ne plaît pas, dans la mesure où elle communique quelque chose et nous rejoint dans notre perception de la beauté.

Je peux aussi expérimenter la beauté de la communication en employant des mots et des gestes tendres. Je peux m'habiller ou décorer mon intérieur avec goût pour le simple plaisir de communiquer avec la beauté. Aujourd'hui, j'admire la beauté de la communication.

Parler doucement

«Cessez de crier. Crier après ses enfants ou son conjoint met de la tension dans l'air, des mauvaises vibrations autour de la maison, et du bruit dans la tête. Ce n'est pas une bonne idée. Il ne faut pas non plus prêcher, gronder, sermonner ou pontifier. Arrêtez de toujours réciter la même litanie et de faire des reproches. Cessez toute critique, directe ou déguisée. Ne grondez pas, ne faites pas de menaces, ne criez pas, n'injuriez pas. Pour certains d'entre nous, c'est plus facile à dire qu'à faire. Nous avons grandi dans des familles où l'on criait et hurlait, où l'on blâmait, où l'on se moquait les uns des autres, alors il paraît presque naturel de le faire. Je suggère aux parents qui ont vécu dans un contexte familial de ce genre de s'arrêter avant de dire des choses désagréables et de se demander: «Si j'étais cet enfant, comment est-ce que j'aimerais qu'on me parle?»

— JUDY FORD
Les Merveilleuses façons d'aimer son enfant

Aujourd'hui, je suis attentif et je parle doucement. Je ne me laisse pas emporter par la colère ou les émotions. Aujourd'hui, j'aborde les situations difficiles avec diplomatie, et je répands la bonne volonté dans mon entourage.

Lorsque je communique avec l'Être suprême

Je ressens un grand plaisir à faire mes prières le soir avant de dormir. Je prends ce temps pour faire le bilan de ma journée et parfois de ma vie au complet. Je prie pour voir plus clairement. Je prie pour apporter de l'aide aux gens que j'aime. Je prie pour reprendre contact avec moi-même et renouer avec l'univers divin. Lorsque je prie, je ne me sens pas seul. Je sens que j'appartiens à quelque chose et que je suis digne de vivre une vie heureuse. La prière me calme et me redonne espoir.

La prière est un système de communication. Elle permet d'établir un lien très profond de communication avec soi-même, avec la divinité en soi et avec l'Être suprême. J'utilise la prière comme un pont entre ce monde terrestre et le monde des êtres lumineux. Aujourd'hui, je prie pour me consoler, pour mieux comprendre, pour être plus calme et plus serein.

La communication véritable

«La communication véritable, celle que nous cherchons tous, est l'union des esprits. Par les valeurs que nous échangeons, nous en venons à connaître ce que pense la personne que nous aimons, ce qu'elle ressent et la façon dont elle peut se comporter dans une circonstance donnée. La communication véritable est un «raccordement» au niveau où l'isolement des frontières individuelles est confuse et nous savons, dans notre for intérieur, que nous sommes en communication avec l'essence même de l'autre personne.»

— DAPHNE ROSE KINGMA
Le Petit manuel de l'amour

Aujourd'hui, je reconnais que lorsque je communique, j'entre en rapport avec un autre *être*. Je suis sensible à ce fait et j'ajuste ma communication pour tenir compte de l'être. Je sais que ma communication sera efficace si je désire vraiment établir un lien avec l'être véritable. Donc je prends le temps et je fais les efforts nécessaires pour être réellement en communication.

La puissance de l'amour

«Un jour, lorsque nous aurons dompté les vents, les océans, les marées et la gravité, nous devrons exploiter l'énergie de l'amour. Alors, pour la seconde fois dans l'histoire du monde, l'Homme aura découvert le feu.»

— TEILHARD DE CHARDIN

L'amour n'est pas un sentiment comme tel, bien que l'on puisse ressentir de la tendresse et une affinité envers une autre personne. L'amour, c'est autre chose. L'amour émane de notre propre volonté d'aimer, d'un choix fondamental qui définit notre relation avec les êtres et avec la vie. L'amour est cette disposition qui résulte d'un choix. Je choisis l'amour. Je choisis d'être une personne aimante. Et en choisissant l'amour, je transforme ma vie, je transforme mon regard, je transforme mes actions.

J'exprime mes besoins

Pour qu'elle soit réussie, une relation doit permettre à chacun d'exprimer et de combler ses besoins. Une relation ne peut survivre si elle est fondée sur la suppression des besoins de l'un des partenaires. Ma responsabilité est de faire valoir mes besoins et de permettre à l'autre de se réaliser pleinement dans le cadre de notre relation.

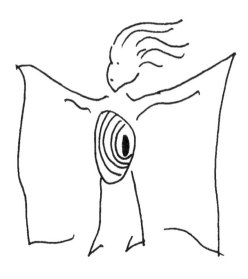

Je contribue et je laisse les autres contribuer

Je me rends compte qu'il doit exister un équilibre dans les échanges au sein d'une relation. Lorsque l'un des deux contribue plus que l'autre, la relation peut difficilement survivre. En plus de donner, je dois être disposé à recevoir. Je suis devenu vigilant sur cette question de l'échange au sein de mes relations, car les inégalités mènent inévitablement à la déception et à l'échec. Je ne peux pas acheter le respect et l'amour de l'autre. Je dois plutôt insister sur l'égalité de l'échange.

Se faire respecter

Le respect est un ingrédient essentiel en amitié et dans la relation de couple. Je dois évidemment respecter les choix, le caractère et les aspirations des gens qui partagent ma vie. Mais je dois également insister pour qu'on me respecte. Beaucoup de personnes sont tellement préoccupées par le besoin d'amour et d'approbation qu'elles craignent de s'affirmer. Je peux être aimé et respecté. Je peux montrer aux gens comment me respecter. J'en suis venu à la conclusion qu'une personne qui ne me respecte pas ne mérite pas d'être en relation avec moi.

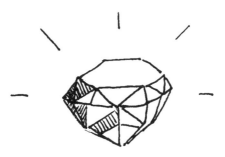

Je suis un précieux diamant.
Je mérite d'être respecté!

Le romantisme

«Le romantisme, c'est le champagne et les verres glacés de l'amour, c'est la magie qui fait danser un tango, le parfum dont on se souvient, la réalisation d'une fantaisie qui vous tient à cœur. Le romantisme, c'est l'antidote de la banalité, l'inspiration de la passion. Dès que vous laissez ces éléments s'infiltrer dans votre relation, vous l'élevez instantanément à un délicieux bien-être. Le romantisme fait que vous vous sentez belle, élégante; que la vie s'annonce pleine d'espoir; que la lune, les étoiles et les planètes vous inondent d'une lumière bénéfique et que vous croyez que tout vous est possible — vos rêves les plus doux, les plus osés et les plus chers se réaliseront certainement.»

— DAPHNE ROSE KINGMA
Le Petit manuel de l'amour

Aujourd'hui, j'accueille le romantisme dans mon couple. Je cherche les occasions pour exprimer la douceur et la profondeur de ma tendresse. Ces merveilleux moments de doux câlins serviront à renforcer nos liens et notre passion amoureuse.

Le soutien affectif

«Nul ne peut vivre qu'en fonction de lui-même. Des milliers de fibres nous lient à nos frères; parmi ces fibres, tels des liens de sympathie, nos actions se transmuent en causes et nous reviennent sous forme d'effets.»

— HERMAN MELVILLE

Je peux accepter l'aide et le soutien affectif des autres. C'est vrai, j'ai vécu de mauvaises expériences qui m'ont porté à croire que l'aide et le soutien affectif sont des signes de faiblesse qui mènent inévitablement à la trahison ou à l'exploitation. En réalité, il y a des êtres qui sont dignes de confiance et dont je peux accepter l'appui. Je suis disposé à recevoir l'aide des autres, de la même façon que je suis disposé à offrir mon aide et mon support affectif.

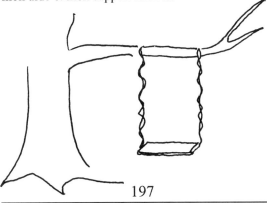

La loyauté

J'accorde ma loyauté avec discernement. La loyauté, cette faculté d'appuyer et d'assumer la responsabilité conjointement avec un copain, un associé, un conjoint ou un groupe, est une qualité fort noble. En étant loyal, on dit: «Quoi qu'il advienne, je serai à tes côtés pour te prêter mon aide et mon appui». Je veux être une personne sur laquelle on peut compter même lorsque la situation devient difficile. Lorsque j'ai donné mon allégeance, je ne la retire pas. Mais la loyauté, comme le respect, se mérite. Je suis toujours vigilant et je n'accorde pas trop rapidement ou aveuglément ma loyauté. Je m'assure tout d'abord que la personne en question la mérite. Habituellement, je peux savoir si une personne ou un groupe mérite ma loyauté après une période d'observation et d'expériences vécues. Je n'oublie surtout pas que j'ai la possibilité et le droit d'accorder ma loyauté aux personnes et aux groupes de mon choix.

J'identifie mes alliés

J'ai appris à identifier mes alliés. J'analyse le comportement et les attitudes des gens que je côtoie et je choisis d'être avec ceux qui contribuent réellement à mon bien-être. J'ai aussi compris que je devais écarter ceux qui ne cessent de me ralentir et de semer le désarroi dans ma vie. Je ne me laisserai pas intimider, je suis un être libre et responsable.

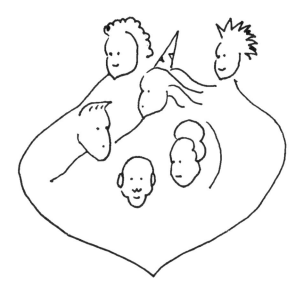

Le mariage

Je me rends compte que le mariage est un engagement à vie mais pas à n'importe quel prix. Je croyais que le destin avait tout planifié pour moi à cet égard. Je pensais qu'une fois la bonne personne rencontrée, je n'avais qu'à me laisser aller. Mais la vie m'a enseigné une autre leçon. Le mariage est quelque chose que l'on crée à tous les jours, tous les deux. Chacun doit prendre ses responsabilités et assumer sa part du travail.

Il y a un facteur important qui détermine la valeur et la qualité d'un mariage: l'honnêteté. Le mariage est voué à l'échec lorsqu'un des deux partenaires (ou les deux) retient des choses ou ne partage pas ouvertement ses secrets avec l'autre. Les secrets, les mensonges et les infidélités ne peuvent exister au sein d'une union amoureuse. C'est aussi simple que cela. Aujourd'hui, décidez de vivre votre union amoureuse dans l'honnêteté et dans la transparence.

La fidélité dans le couple

Aujourd'hui, je vois clairement l'importance et la valeur de la fidélité dans le couple. L'engagement amoureux est une entente entre deux êtres, sans retenue et sans secret. Si je brise ce pacte, je viole ma propre intégrité et je voue ma relation à l'échec. Aujourd'hui, je crois à la fidélité dans le couple car j'ai vécu les conséquences désastreuses du secret et de l'infidélité. La fidélité confère la stabilité et l'harmonie au sein du couple. L'infidélité déstabilise profondément le couple amoureux.

Nous entendons souvent dire de nos jours que les deux partenaires d'un couple peuvent accepter ou être complices de l'infidélité de l'autre. On affirme: «Si l'on se sent bien avec cela, c'est tout à fait sain et normal». Mais la vérité est que, sans un cadre de comportement moral, le couple ne dure pas. L'engagement exige un travail, une vigilance et une honnêteté constants.

La tendresse

«Je peux demander de l'affection sans provoquer le plan sexuel. Mon besoin d'amour et de chaleur humaine n'est pas lié à mes désirs sexuels. Je n'ai pas à avoir des rapports sexuels avec quelqu'un pour qu'il soit mon ami. J'ai le droit d'être étreint et cajolé sans devoir le payer de ma personne.»

— ROKELLE LERNER
L'Enfant intérieur - Un jour à la fois

Aujourd'hui, je reconnais que la tendresse et l'affection sont importantes pour moi. Je peux m'ouvrir et demander de l'affection sans provoquer un désir sexuel. Je peux désirer des étreintes sans que ce désir soit lié à la sexualité comme telle. Je me donne la permission d'exprimer ma tendresse et mon affection envers mes amis et les membres de ma famille. Je vois comment la tendresse est importante dans mes rapports de tous les jours. Je donne et reçois librement la tendresse dans ma vie.

Le cadeau de l'amitié

Je me réjouis des amitiés que j'ai créées sur ce chemin de la vie. Je me salue pour avoir fait de bons choix d'amis et je me pardonne d'avoir accordé ma confiance et mon estime à certains individus qui ne savaient pas apprécier ce cadeau de l'amitié. Je suis maintenant en mesure de partager mon amitié avec discernement.

J'ouvre la porte à l'autre

Aujourd'hui, je prépare mon cœur à donner et à recevoir l'amour. J'ai toujours trouvé plus facile d'aimer que de me laisser aimer. Il me semblait que de cette façon, je pouvais rester maître de la situation. Mais à présent, je m'aperçois que cette approche ne fonctionne pas. Aujourd'hui, j'ouvre la porte à l'autre.

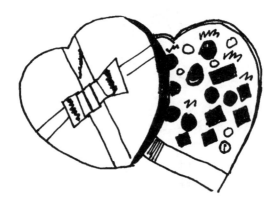

Un être cher

Aujourd'hui, je reprends contact avec un être cher. Le temps et les événements ont fait en sorte que j'ai perdu le contact avec certains êtres qui me sont encore chers. Aujourd'hui, je prends le téléphone et je communique avec une personne qui me manque beaucoup.

Le toucher

«... nous reconnaissons l'importance du toucher en tant que besoin humain. Les enfants privés de toucher échouent dans leur croissance et se développent mal même s'ils sont bien nourris et bien protégés. Le toucher est puissant lors d'un contact "peau à peau"... Il semble que pour sentir que nous sommes connectés et que l'on s'occupe de nous, nous avons un grand besoin d'être enlacés et caressés.»
— CHARLES L. WITHFIELD
L'Enfant intérieur

Le toucher peut être réconfortant. Le toucher peut être rassurant. Le toucher peut être un signe de tendresse et d'affection. Le toucher peut briser l'isolement. Une main sur une épaule peut servir d'encouragement et de réconfort. Prendre la main de quelqu'un qu'on aime nous rapproche. Je vois l'importance du toucher dans ma vie de tous les jours. Je suis sensible et j'utilise le toucher pour réconforter et pour me rapprocher. Je sais que beaucoup de gens sont moins réceptifs au toucher, donc je fais attention de ne pas les vexer ou m'imposer.

S'aimer soi-même

«Que signifie s'aimer soi-même...? Cela signifie prendre du temps pour vous-même chaque jour. Vous respecter. Vous dorloter de temps en temps. Cela signifie découvrir vos talents personnels et profiter de tout ce qui vous fait plaisir. Cela signifie défendre votre point de vue quand vous avez la certitude que c'est nécessaire. C'est un processus quotidien par lequel vous apprenez à vous connaître tel que vous êtes, à être indulgent envers vous-même quand vous vous découvrez des petits côtés moins agréables et, finalement, à prendre toutes les mesures d'autovalorisation utiles à votre croissance personnelle. S'aimer soi-même implique être capable d'admettre ses faiblesses en sachant que, même si les choses n'ont pas toujours été faciles, on a fait de son mieux. Quand on s'aime et qu'on s'accepte tel qu'on est, on n'a pas peur de grandir, d'apprendre et de changer.»

— JUDY FORD
Les Merveilleuses façons d'aimer son enfant

Aujourd'hui je me laisse aimer... par moi-même! En me donnant cette chance, je suis en mesure de m'accepter pour tout ce que je suis. Ainsi, je laisse cet amour grandir et atteindre les autres. Je cultive l'amour auprès de moi-même et des autres.

Nos aînés

Aujourd'hui, je rends hommage à nos aînés: parents et grands-parents, oncles et tantes. Ces êtres qui ont travaillé si fort pour nous faire une place au soleil. Ces survivants qui ont toujours conservé la flamme et qui nous ont tant aimés, méritent une très grande place dans nos cœurs et dans nos vies.

Nos sociétés modernes ont complètement transformé l'ordre des choses. Cette ère de modernité et de vitesse nous a poussés à laisser de côté la structure traditionnelle de la famille. Nous avons, dans bien des cas, abandonné nos aînés au profit d'un style de vie fondé sur des valeurs plus matérialistes. Mais nous voyons maintenant que ces choix ont eu des conséquences désastreuses sur la famille et sur la société dans son ensemble. Beaucoup de nos aînés vivent dans la solitude et dans la pauvreté. Et nos familles sont moins unies et cohésives.

La domination de l'amour

On voit comment, sous le prétexte de l'amour, les êtres cherchent à se contrôler et à se dominer. Les exemples de cette forme de domination sont multiples: le mari qui cherche à dominer son épouse; la femme qui cherche à contrôler son conjoint; les parents qui veulent garder leurs enfants sous leur emprise; les parents qui deviennent les otages émotionnels du chantage de leurs enfants, etc. Évidemment, ceci n'est pas de l'amour mais quelque chose de beaucoup plus voilé et mesquin. L'amour est utilisé comme alibi pour camoufler nos faiblesses et nos dépendances émotives.

Cette forme de relation est très confondante pour l'être: il entend *Je t'aime* mais doit endurer des expériences douloureuses. Il peut en arriver à croire que l'amour doit être cruel, contrôlant et pénible. Mais l'amour véritable est fondé sur la liberté, le respect et le désir sincère de contribuer. Je n'accepte pas d'être contrôlé ou dominé au nom de l'amour. Je n'accepte pas le chantage qui voudrait que l'amour puisse être retiré. Aujourd'hui, j'offre mon amour sans condition et j'évite les relations qui me briment au nom de l'amour.

Deux âmes

*«Une relation est fondée sur le mouvement, la crois-
sance; c'est un environnement interpersonnel sacré
qui touche l'évolution de deux âmes. Les changements
que cette relation traverse comme entité sont la
somme des changements entrepris par les personnes
qui la composent. Ce que nous demandons de nos
relations est à la mesure de ce qu'elles demandent de
nous et de ce que nous deviendrons, avec le temps.»*
— DAPHNE ROSE KINGMA
Le Petit manuel de l'amour

Je me suis rendu compte qu'une relation est un
contrat. C'est l'union de deux êtres complets et au-
tonomes. Nous devons définir les paramètres de notre
relation, les conditions de satisfaction, les règles du
jeu. Ensemble, nous devons créer un terrain commun
qui est plus grand que notre terrain individuel. Si je
change, ces transformations affecteront ma relation et
auront un impact sur la vie de l'autre. Si l'autre
change, ma vie sera affectée par ces changements. Je
dois pouvoir respecter le cheminement et l'individualité de l'autre et lui demander de respecter mon
individualité et mes droits. Aujourd'hui, j'accepte de
grandir avec quelqu'un. Je choisis de partager ma vie
en sachant que mes actions ont un impact sur nos vies.
J'accepte de laisser l'autre grandir et évoluer dans
notre relation.

Ces êtres rares

J'ai été très fortuné de rencontrer des êtres qui, par leur amour pour moi, ont transformé ma vie. Ces gens sont pour moi plus que des amis, ils sont des frères et sœurs. On s'est reconnus, on s'est trouvés. Et, malgré la distance qui peut nous séparer, nous demeurons toujours proches. Même si nous ne nous voyons pas pendant un certain temps, l'affection et le sentiment d'appartenance demeurent toujours aussi forts. Ils ne sont pas nombreux ces frères et sœurs que j'ai retrouvés. Je vais les garder près de mon cœur tout au long de mon voyage car ils me rappellent qui je suis vraiment et combien la vie est généreuse et riche. Aujourd'hui, je remercie le ciel pour ces êtres rares qui ont traversé un océan de temps pour venir me rejoindre ici.

Je suis toujours un peu surpris car, de temps à autre, je rencontre un être avec qui je m'entends immédiatement, comme si nous nous étions toujours connus.

Cette vaste réalité de l'amour

Le problème réside dans le fait que nous utilisons le mot *amour* pour décrire une vaste gamme d'expériences comme l'amour romantique, l'affection, l'engagement familial, etc. Certes, elles sont toutes des manifestations de l'amour. Mais l'amour est une réalité beaucoup plus vaste qui s'approche de la divinité. Lorsque je choisis de me donner entièrement à l'amour, je me livre à une force beaucoup plus grande que moi. Cette force, cette puissance de l'amour, est la manifestation profonde et l'étoffe même de la spiritualité. Je suis fondamentalement amour. Donc, lorsque je choisis l'amour, je m'harmonise avec mon être véritable et je retrouve ma sérénité.

Se laisser aimer

«En demandant ce dont vous avez besoin, vous révélez votre fragilité d'être humain et vous invitez la personne que vous aimez à partager la sienne. La réaction à une demande formulée accorde non seulement à la personne qui a besoin d'aide le plaisir de voir son besoin comblé, mais apporte aussi à celle qui donne le sentiment qu'elle est efficace et qu'elle sait donner du bonheur. En de tels moments, vous avez tous les deux l'occasion de partager votre amour et votre humanité.»

— DAPHNE ROSE KINGMA
Le Petit manuel de l'amour

La vulnérabilité ne nous a pas toujours semblé être une qualité souhaitable. On sait qu'en étant vulnérables, on peut être blessés. C'est pourquoi plusieurs personnes évitent de se montrer vulnérables. Mais, il y a un autre côté à la vulnérabilité: c'est la capacité de demander de l'aide et de l'amour et la possibilité d'en recevoir. Dans ce sens, la vulnérabilité prend l'allure de l'ouverture et de la réceptivité.

Aujourd'hui, je prépare mon cœur à donner et à recevoir l'amour. Aujourd'hui, j'ouvre la porte à l'autre.

Comment peut-on réparer un cœur brisé?

Rares sont ceux qui n'ont pas vécu au moins une grande déception amoureuse. Ces échecs amoureux nous marquent très profondément. Nous pouvons rester accroché à cette peine pendant des mois et parfois des années. Et lorsque finalement notre cœur commence à se desserrer, on aime craintivement, de peur de revivre cette profonde douleur. Nous nous rendons compte que la peine d'amour ressemble beaucoup au deuil qu'on vit lors du décès d'un parent proche ou d'un conjoint. La rupture amoureuse éveille en nous des sentiments d'échec, d'abandon, de deuil, de colère et de déni qui peuvent être très envahissants. Cette peine est accentuée lorsque l'on est rejeté par l'autre car la perte de l'estime de soi rend ces émotions encore plus violentes. Mais la guérison d'un cœur brisé ne passe pas par l'établissement d'une nouvelle relation, la réparation de l'ancienne relation, le temps, la thérapie, pleurer nos pertes, les tranquillisants. Ces actions n'ont pas vraiment d'effet véritablement bénéfique, bien qu'elles peuvent soulager la douleur et combler le vide pendant un certain temps. La seule cure pour un cœur brisé, c'est de grandir, d'évoluer, de regarder droit devant soi et de foncer vers l'avant. On doit cesser de se faire des illusions par rapport aux relations amoureuses et accepter que tout change et que nous sommes responsables de notre bonheur.

Sortez vos mouchoirs

«Les sentiments habitent en nous comme une rivière et traversent notre conscience comme un courant sans fin. Ils passent à travers la crainte, la tristesse, la honte et la colère pour se transformer en joie, en délice, en exubérance, en enjouement. À tout moment, nous pouvons toucher et découvrir ce que nous ressentons. En affirmant nos sentiments, nous les transformons en langage audible et nous découvrons l'articulation des émotions constamment sous-jacentes dans notre vie.»

— DAPHNE ROSE KINGMA
Le Petit manuel de l'amour

Comme les vagues de l'océan, les sentiments viennent et puis repartent. Je ne reste pas accroché à un sentiment particulier, je le laisse plutôt venir et puis repartir. Parfois je me sens triste, mélancolique ou en colère. Ces sentiments arrivent tout d'un coup et je les laisse apparaître et puis repartir sans trop m'en préoccuper. Et lorsqu'ils repartent, je redeviens calme. J'ai appris à ne pas résister aux sentiments. Je les accueille. Je leur souhaite la bienvenue.

La sexualité

La sexualité entraîne énormément de confusion et de difficulté chez l'être humain. L'être spirituel n'a pas de sexualité en soi, il ne peut que l'éprouver. Mais le corps est mû par des besoins et des pulsions que l'être doit comprendre et accepter. Il existe des comportements et des perceptions qui contribuent à la croissance et au développement de l'être et il y en a d'autres qui contribuent à la déchéance et à la confusion. En s'écoutant, on peut agir avec sagesse.

Aujourd'hui, je sais que la sexualité appartient au couple. Je peux vivre une sexualité saine et nourrissante au sein d'une relation amoureuse et engagée. À l'extérieur du couple, le sexe devient une forme d'asservissement. Je refuse d'admettre qu'il soit normal et acceptable de voir de la pornographie et de la dégradation sexuelle à tous les coins de rue. Lorsque l'être accorde une place trop importante au sexe, à l'acte sexuel, il atrophie son propre développement.

Aimer son enfant

«Aimer son enfant, c'est simple et déconcertant; il ne faut pas seulement le ressentir, il faut le montrer! Ressentir de l'amour pour votre enfant dans votre cœur ne suffit pas - pour aimer votre bébé, votre petit enfant, votre adolescent dans toutes les phases de son développement, il faut que vous exprimiez votre amour par vos actions; et, comme vous le savez sans doute déjà, c'est un engagement à vie qui demande de l'énergie, beaucoup de travail et qui vous impose de vous élever au-dessus de vos propres notions préconçues. Vous devrez répondre aux exigences de la plus haute vocation. Vous devrez toujours être attentif à ce que vous dites et à ce que vous faites, parce que vous êtes la personne la plus importante dans la vie de votre enfant, parce que vous savez dans votre cœur que la façon dont vous traitez votre enfant à chaque moment a une grande importance.»

— JUDY FORD
Les Merveilleuses façons d'aimer son enfant

Aujourd'hui, j'exprime mon amour envers mes enfants. Je les aime, je le leur dis, je le leur démontre. Les enfants sont des êtres à part entière et ont droit à la reconnaissance et au soutien.

L'amour familial

J'en suis venu à comprendre que la famille est un lieu de commun accord. Les membres d'une famille partagent des croyances, des traditions, un style de vie, des rêves et des liens d'affection. Mais la famille est fondée sur une forme de contrat, un accord qui lui permet de conserver son unité et sa cohésion. La famille peut persister en autant que les membres recréent de jour en jour cette forme d'union. Il n'y a rien d'inhérent dans le sang ou les gènes qui prédispose une famille à rester ensemble. Les membres doivent avoir la ferme conviction que cette institution mérite de persister et de grandir.

J'ai appris que lorsque la famille devient une zone de conflits, de dévalorisation et de violence, on doit établir une distance pour son propre bien et pour le bien des autres membres de cette cellule. Cette décision est toujours difficile car on met énormément d'espoir dans la famille et on veut naturellement appartenir à un ensemble qui partage nos idéaux et nos rêves. Mais on ne doit pas s'entêter à vouloir manier seul les maux d'une famille perturbée. Aujourd'hui, je m'entoure de personnes sécurisantes et aimantes qui partagent mes valeurs.

La qualité de mes relations

Je me suis rendu compte que la qualité de ma vie était largement définie par la qualité de mes relations. Je peux évaluer la qualité de ces relations par le niveau de communication, par l'égalité des échanges, par le respect et l'affection qui y sont véhiculés. Je dois m'assurer que les gens qui partagent ma vie sont intègres et qu'ils désirent sincèrement contribuer à mon bien-être. C'est fondamental. Lorsque je constate qu'une relation affective ou professionnelle ne contribue pas à mon bien-être, je dois agir rapidement pour la remanier ou y mettre fin.

Les relations à long terme

Aujourd'hui, je cultive et je renforce mes relations de longue date. Je prends quelques instants pour rédiger des lettres ou téléphoner à ces amis chers qui occupent encore une place importante dans ma vie. Je sais que les relations les plus importantes sont celles qui ont subi l'épreuve du temps. Ces êtres chers m'ont accompagné sur mon trajet et méritent que je sois en communication avec eux. Ils seront ravis de savoir que je pense à eux et ces communications serviront à raviver notre affection profonde. Aujourd'hui, je célèbre ces relations de longue date qui me rappellent qui je suis vraiment et d'où je viens.

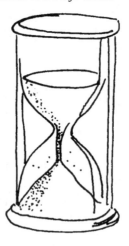

Semer l'amour

Aujourd'hui, je sème l'amour dans mon jardin. Je cultive les rapports tendres fondés sur l'affection, la communication et l'entraide. Aujourd'hui, j'accomplis mon travail d'amour.

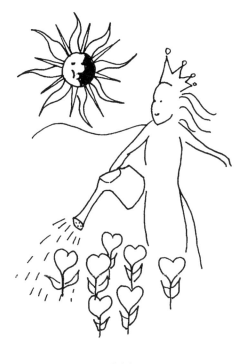

L'amour véritable

*«L'amour véritable est beaucoup plus qu'un senti-
ment, une sensation, beaucoup plus qu'un interlude
magique d'ivresse émotionnelle qui nous envahit
lorsque la pleine lune n'est plus qu'un petit quartier.
L'amour est une gamme de comportements, d'attitudes, de connaissances dont la pratique crée et main-
tient l'état que nous appelons l'amour. C'est une
dimension sous forme de relation qui satisfait, vivifie
et guérit, mais c'est aussi le produit d'un effort complexe. À vrai dire, l'amour est un «travail d'amour»
qui ne se manifeste qu'au moment où nous nous rendons compte qu'en plus d'être un cadeau, c'est toute
une entreprise!»*

— Daphne Rose Kingma
Le Petit manuel de l'amour

Aujourd'hui, j'accepte d'accomplir ce travail
d'amour. Je vois que l'amour véritable résulte d'un
engagement profond qui est nourri chaque jour par la
décision d'aimer encore un peu plus, un peu mieux.

Une révolution de bienveillance

«Ma religion est très simple. Ma religion est bonté et bienveillance.»

— LE DALAÏ-LAMA

J'ai en tête de vouloir entreprendre une révolution, une révolution de bonté et de bienveillance dans cette société et dans ce monde. Je regarde autour de moi et je vois qu'une minorité violente et perverse en est venue à prendre une place trop importante dans nos vies. Je vois la majorité bienveillante et silencieuse s'enfoncer de plus en plus dans la peur et l'effacement. Je veux que l'on regagne les rues, que l'on regagne la nuit. Je veux vivre en sécurité et dans le respect. Je sais que nous ne pouvons pas lutter contre la violence et la perversion en se servant de la violence ou en créant une société policière. Je crois que l'on peut tous vaincre en travaillant ensemble pour semer l'entraide, la générosité et la bienveillance.

Hommage à la bienveillance

«L'homme ne doit pas considérer ses possessions matérielles comme étant les siennes, mais plutôt comme appartenant à tous, pour qu'il puisse les partager, sans hésitation, lorsque d'autres sont en besoin.»

— SAINT THOMAS D'AQUIN

Maintenant, je laisse paraître ma bienveillance et ma bonté. La bienveillance crée des espaces de joie et de liberté dans ma vie et dans la vie des autres. En étant bienveillant, je m'élève au-delà de la lutte pour la survie ou du succès matériel et je vis consciemment et de façon responsable dans le but de créer un monde meilleur.

Je cherche à être généreux
en actions et en paroles

«La bienveillance est un langage que les muets peuvent parler et que les sourds peuvent entendre.»
— C. N. BOVEE

Je peux être généreux en actions et en paroles. Dans un monde qui est trop souvent froid, rude et austère, ma bienveillance peut rayonner comme une lumière douce qui émane du cœur et qui cherche à éclairer le passage de l'autre. Je reconnais que ma nature est fondamentalement bonne et qu'en étant généreux, en ouvrant les portes à la bonté, à l'amour et au pardon, j'accomplis ma mission divine. Ma bonté et ma générosité se manifestent dans l'écoute, la tolérance, la patience, l'aide sincère et le respect des autres. Je laisse ma nature profonde me guider en actions et en paroles. Je suis rempli de joie et je n'ai aucun regret.

Imposer nos désirs aux autres

Autrefois, j'avais l'habitude de vouloir que les gens près de moi se conforment à mes désirs. Que d'échecs j'ai essuyés! Les autres ont leur propre réalité de la vie, leur propre vécu, leur propre éducation et ils prennent leurs propres décisions. Aujourd'hui, j'observe et j'écoute au lieu d'imposer mes désirs et je dis: Vive la différence!

S'enrichir au profit des autres

Aujourd'hui, je collabore et je récompense les gens qui m'aident dans mon travail. Je crois que l'exploitation, le contrôle et la domination ont fait leur temps sur cette planète. Nous sommes à l'aube d'une nouvelle ère d'entraide et de partage. Ceux qui croient que nous pouvons nous enrichir au profit des autres seront malheureusement surpris.

La divinité en soi

Aujourd'hui, je sens la divinité en moi et je réalise que je suis complet et intègre. Je ne suis pas une parcelle de Dieu ni une force spirituelle abstraite et lointaine. Je suis un être autonome, complet et divin. Je cherche à manifester ma vraie nature dans l'amour, la générosité et la bienveillance.

Je suis aimable envers moi-même!

«Jusqu'à ce que vous puissiez vous accepter vous-même, vous barrez le passage à la croissance à laquelle vous aspirez. Cette croissance vient de votre cœur. Soyez aimable avec vous-même.»

— EMMANUEL

J'ai compris que je dois faire preuve de bonté envers moi-même. Je suis mon meilleur ami et je dois être aimant envers moi tous les jours. Si je m'occupe de moi et si je suis généreux à mon égard, je suis plus disposé à être aimant et bon envers les autres. L'estime de soi est un attribut essentiel. Elle est à la base de tout. Je m'accorde donc toute l'importance et toute l'attention nécessaire et de cette façon je peux accomplir les plus grandes choses.

Être à l'écoute de nos enfants

«Parlez à vos enfants et écoutez ce qu'ils ont à dire, quel que soit leur dialogue. Laissez-leur savoir que vous êtes intéressé et que vous leur offrez toute votre attention. Le fait d'écouter ne veut pas dire que vous êtes d'accord, mais simplement que vous êtes disposé à les entendre.»

— JANET WOITITZ
Les Enfants d'alcooliques

Il n'est pas toujours facile d'être un enfant. L'enfant arrive dans ce monde et doit accepter les conditions qui y prévalent. Il cherche à être aimé, accepté et appuyé. Parce que j'ai déjà été un enfant, je sais à quel point j'éprouvais souvent le besoin d'être réconforté et sécurisé. J'ai eu beaucoup de chance car on m'a toujours fait sentir que j'étais désiré et aimé. Aujourd'hui, j'aime les enfants et je cherche à les comprendre et à les aider. J'accepte cette responsabilité d'être le protecteur des enfants, d'être pour eux une présence sécurisante et aidante.

La générosité

Je vois très clairement la valeur de ma générosité dans un monde trop souvent froid et calculateur. Aujourd'hui, je sais qu'en étant généreux je ne perdrai rien. Le jeu de la générosité en est un où il n'y a que des gagnants.

Je suis bon

Maintenant, je laisse paraître ma bonté innée. En étant bon, je m'élève au-delà de la lutte pour la survie ou pour le succès matériel. Je vis consciemment pour créer un monde où il fait bon vivre.

La bonté, l'amour et la générosité sont les instruments dont je me sers pour améliorer mon état d'être fondamental. Ces petits outils de travail n'existent qu'à cause des souffrances et des problèmes multiples auxquels je dois faire face. En réalité, je n'aurais absolument pas besoin d'eux, puisque ces qualités proviennent de ma bonté fondamentale.

Aujourd'hui, je laisse transparaître ma bonté fondamentale.

Pardonner

«En pardonnant, on refuse doucement de lutter contre l'amour. Pardonner, c'est faire preuve de volonté pour percevoir chacun, y compris soi-même, soit comme source d'amour, soit comme quelqu'un ayant besoin d'amour.»

— GERALD JAMPLOSKY

J'ai décidé de passer l'éponge et de pardonner les blessures qui m'ont été infligées. En pardonnant, je me suis libéré de l'emprise de la rancune et de la haine. Je ne peux pas oublier mais je peux lâcher prise en disant: *ce qui est fait est fait.* J'utilise ces expériences pour me guider dans mes rapports futurs. Après tout, je suis ici pour apprendre.

Il est beaucoup trop facile de se laisser emporter par la haine lorsqu'on a subi un tort. Mais la haine est un sentiment néfaste qui ne contribue à rien. Alors, je laisse aller cette haine et une fois cette émotion dépassée, je me libère et je grandis.

Encourager plutôt que critiquer

On voit sur le visage de l'autre l'effet de la critique. Lorsqu'on critique ou qu'on dispute notre conjoint, il peut se recroqueviller et se renfermer. Il peut réagir avec agressivité et formuler des critiques à notre égard afin de se protéger. La critique mène inévitablement au détachement et au conflit. On voit aussi que la critique est très peu efficace pour motiver et pour provoquer l'amélioration souhaitée. La critique est souvent la première réaction face à une chose déplaisante. Cette première réaction est rarement la bonne car elle n'est pas constructive ni réfléchie.

Aujourd'hui, je favorise l'encouragement plutôt que la critique. Au lieu de réagir spontanément et de critiquer, je m'accorde quelques minutes de délai. Je cherche à mieux comprendre et j'emploie des mots d'encouragement afin de motiver l'être aimé.

Notre grandeur

«Un être humain est un élément du grand tout que nous appelons l'univers, un élément limité dans le temps et dans l'espace. Il perçoit son être, ses idées et ses sentiments comme une chose séparée du reste, une sorte d'illusion d'optique de sa conscience. Cette illusion est notre prison, qui restreint nos désirs et notre affection aux seules personnes qui nous entourent. Notre tâche consiste à nous libérer de cette prison en agrandissant le cercle de notre compassion afin qu'il englobe la totalité des êtres vivants et toute la nature.»
— ALBERT EINSTEIN

Avec le temps, j'en suis venu à comprendre que la bonté et la bienveillance ne m'enlèvent rien. C'est comme si j'avais eu peur de donner, de partager, de faire confiance aux autres. Je me disais: «Si je suis bon, ils vont prendre avantage sur moi et vouloir en prendre de plus en plus.» Cette attitude est venue limiter ma capacité de donner. Je ne pouvais pas donner librement, que ce soit de l'argent, des biens matériels, mon temps ou mon amour. Je me suis rendu compte que ma capacité d'aimer, de donner et de partager est illimitée. Je peux choisir à tout moment de donner ou de ne pas donner.

À petits pas

«La bonté importe plus que la sagesse et savoir cela marque le début de la sagesse.»
— THEODORE ISAAC RUBIN

La bonté se manifeste évidemment dans les grandes actions de charité et de bienveillance mais elle se manifeste tout autant dans les petits gestes quotidiens qui contribuent à la joie et au bonheur des gens de notre entourage. Il n'est pas nécessaire de tout vendre et d'aller travailler dans un pays lointain pour connaître les effets miraculeux de la bonté. Je peux offrir mon siège dans le métro, saluer un policier, tondre la pelouse de ma voisine âgée. Ces petits gestes apparemment sans grande importance contribuent à l'harmonie globale des choses et nous permettent de transcender notre propre intérêt pour rejoindre l'autre dans son cœur. Je peux vivre sagement tous les jours en faisant ces petites choses qui contribuent au bien-être des autres.

Faire attention à l'autre

«Le plus beau cadeau que l'on puisse offrir à l'autre est une attention profonde à l'égard de son existence.»
— SUE ATCHLEY EBAUGH
Chaque jour un nouveau départ

Je n'oublie pas que chaque personne qui passe dans ma vie est un être spirituel, une âme qui, pour un temps, traverse mon chemin. Je suis en relation avec des êtres et non avec des corps. Donc, lorsque je suis en communication avec quelqu'un, je dois reconnaître l'être véritable qui se trouve face à moi.

En sachant cela, je me comporte de façon aimante et respectueuse envers les gens. Je les traite comme des grandes personnes. Je m'adresse à l'être véritable et non pas à la personnalité ou à l'attitude. Je ne me laisse pas marcher sur les pieds, mais je tente d'agir de façon cordiale et aimante envers les gens de toutes nationalités et de tous âges.

Servir autrui

«Aucune joie n'égale celle de servir autrui.»
— SAI BABA

Nous avons perdu, pour la plupart, cette notion de servir autrui. Nous avons en quelque sorte associé le service à l'autre comme une forme d'abaissement et d'asservissement. Nous sommes à l'âge de la libération. Mais cette individualité à outrance nous a plongés dans l'isolement et dans la misère spirituelle. Il n'y a qu'un but valable pour l'être qui vit en société: servir autrui. La vie au service de soi-même est stérile et sans avenue. La vie au service de sa famille, sa communauté, son entreprise, sa société, sa planète, est la seule vie.

Servir ne signifie pas devenir esclave ou inférieur à l'autre. Servir signifie utiliser ses talents et ses ressources au profit du plus grand nombre. Lorsqu'on sert, on se réalise, on s'étend et on devient un membre à part entière de l'humanité.

La force et la faiblesse

«Grâce à un effet du hasard, un homme peut régner sur le monde pendant quelque temps; mais en vertu de l'amour et de la bonté, il peut régner sur le monde à jamais.»

— LAO-TZU

Beaucoup de gens n'ont pas encore compris que l'on ne peut pas dominer, contrôler ou asservir les gens en utilisant la force et l'agressivité. Nos sociétés sont de plus en plus violentes et on tente de régler nos différends en utilisant l'intimidation et la violence. La violence sème la violence. La force provoque une réaction de force égale. L'univers est ainsi structuré. Seules la bonté, la douceur et la compassion peuvent faire fondre les murs qui nous séparent.

Je vois maintenant que la bonté est la voie qui mène vers les plus hauts niveaux de conscience et d'action. Je laisse de côté l'intimidation et l'agressivité et j'adopte des attitudes et des comportements fondés sur l'amour et la compassion.

Aimer, apprendre et grandir

«Nous, qui avons connu les camps de concentration, nous souvenons de ceux qui ont réconforté les leurs, qui ont donné leur dernière bouchée de pain. Peut-être étaient-ils peu nombreux, mais ils ont fourni la preuve que l'on peut tout enlever à un homme, sauf une chose: la dernière des libertés humaines, celle de choisir son attitude, quelles que soient les circonstances, choisir sa voie.»

— VICTOR FRANKL

Je sais maintenant que j'ai entièrement le choix de vivre une vie de grandeur ou une vie de petitesse. J'ai tous les éléments en main pour faire des choix éclairés. Je peux choisir d'être bon, intègre et sincère ou je peux choisir d'être introverti, indifférent et superficiel. Je peux choisir entre le monde superficiel des apparences ou le monde de la vérité et de la lumière. Je ne suis pas venu ici pour accumuler des biens matériels ni pour honorer mon corps physique. Je suis venu ici pour aimer, pour apprendre et pour grandir.

Je suis un être bon

«J'ai conservé mes idéaux car je crois, malgré tout, que le cœur humain est empreint de bonté.»
— ANNE FRANK

Malgré ce que j'ai pu penser ou ce que les gens ont pu me dire, je sais maintenant que je suis bon et généreux. Je n'ai aucun doute à ce sujet. Aujourd'hui, je pose des gestes bons et généreux. Je sais que malgré mes erreurs et mes échecs, je suis capable d'accomplir des choses merveilleuses. Je suis un être bon et généreux.

Je récolte ce que je sème

«Continue de faire les semailles, car on ne sait jamais quelles graines porteront fruits... peut-être toutes.»
— Ecclésiaste

Je n'ai plus de doute sur le fait que je récolte ce que je sème. Il est absolument impossible de vivre une vie malsaine et malhonnête et ne pas en récolter les fruits. L'opportunisme, l'avarice et la malhonnêteté nous plongent directement dans la noirceur et la pénurie. Le bonheur exige un engagement ferme envers la justice, l'amour et la bonté. L'être sait lorsqu'il est honnête envers lui-même et il connaît la différence entre le bien et le mal. On peut vivre de mensonges pendant un certain temps, mais à la longue, on ne peut plus vivre avec soi-même.

J'intègre les valeurs justes et j'emprunte le droit chemin de l'intégrité personnelle car je suis fidèle à moi-même.

Aucune honte

«Les humains vivent en trouvant refuge les uns dans le cœur des autres.»

— PROVERBE IRLANDAIS

Aujourd'hui, je reconnais que je ne peux pas vivre seul. Je dois pouvoir accepter l'aide de gens sécurisants. J'ai tenté de structurer ma vie pour ne pas avoir à demander l'appui des autres. J'ai toujours été persuadé que je pouvais m'en occuper tout seul, sans l'aide de personne, mais à présent, je vois le prix que j'ai dû payer pour fonder mon autonomie.

Je vois maintenant qu'il y a des gens sincères qui désirent contribuer à ma vie et me prêter appui. Je n'ai pas à avoir honte d'exprimer mes besoins car je sais que je suis disposé moi aussi à venir en aide à autrui. Je me sens plus accessible et plus humain lorsque je m'ouvre à l'aide et à l'amour des autres.

Les petits gestes anonymes

«Lorsque vous vous apprêtez à commettre une action, même si vous êtes le seul à en être témoin, demandez-vous si vous agiriez de même si le monde entier vous regardait, et agissez en conséquence.»

— Thomas Jefferson

Je vois que je n'ai besoin d'aucune autre reconnaissance que la simple satisfaction d'avoir été juste et bon. Évidemment, il y a du mérite à faire des dons de charité devant les foules. Cela donne un exemple aux autres et signale à tous nos intentions. Mais les petits gestes de bonté anonymes sont tout aussi puissants car ils jettent une lumière là où il n'y avait que de l'obscurité. Les difficultés quotidiennes que vivent les gens ne reçoivent aucune attention des médias. Alors si on désire faire le bien, on n'a qu'à descendre dans la rue et regarder avec nos deux yeux pour constater qu'il y a des choses à faire.

Aujourd'hui, j'accepte que la bonté s'exprime au quotidien dans des actions simples et souvent anonymes. Ces petits gestes remplissent mon cœur de joie et d'amour.

L'éthique du don

«La tendresse et la bonté ne sont pas des signes de faiblesse et de désespoir, mais des manifestations de force et de résolution.»

— Kalhil Gibran

Je crois que lorsque nous offrons quelque chose à quelqu'un, nous devons nous poser certaines questions:

1) Est-ce que cette personne désire vraiment que je lui offre telle ou telle chose? Est-ce que mon don sera approprié et apprécié par le receveur?
2) Est-ce je me sens bien avec le fait de donner quelque chose? Est-ce que le fait d'offrir un don ou de l'aide me fait réellement plaisir?
3) Est-ce que je peux vraiment me permettre d'offrir ce don ou dois-je plutôt attendre un moment plus propice?
4) Est-ce que le fait d'offrir de l'aide ou un don met la personne mal à l'aise ou non?

Il est important que je me pose ces questions avant d'offrir un don car mon objectif unique est de contribuer au bien-être et au bonheur de la personne. Et je dois me sentir tout à fait bien avec cette action.

Être capable

Aujourd'hui, je sais que je suis suffisamment fort pour tendre la main et offrir mon aide à quelqu'un. Je sais que j'ai eu de la chance et que j'ai été capable de surmonter les obstacles dans ma vie. Le fait d'être un individu «capable» me confère une certaine responsabilité: je dois aider ceux qui cherchent sincèrement à évoluer et à grandir.

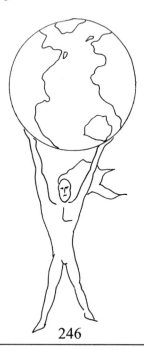

Hommage à nos mères

Aujourd'hui, je voulais rendre hommage à ma mère et à toutes les mères. Être mère est un rôle qui demande énormément de tendresse et de bonté. Nous confions à ces êtres presque toute la responsabilité de semer l'amour, le respect et le civisme dans le cœur des enfants.

Le rôle de la mère a beaucoup été remis en question par la psychologie moderne qui a cherché dans la relation avec la mère la source de tous les maux de la société. Ces faux concepts ont seulement servi à créer des ruptures au sein de la famille. Je sais qu'il n'y a aucun rôle qui soit plus exigeant que le rôle maternel.

Aujourd'hui, j'exprime ma profonde gratitude et mon amour à toutes les mères du monde.

Hommage à nos pères

Le rôle du père est de plus en plus difficile à cerner à notre époque. On lui demande d'être beaucoup plus qu'un modèle et un pourvoyeur. On lui demande d'avoir les qualités d'une mère et d'un père, et on lui dit que son rôle est accessoire de toute façon. Pour un enfant, le père joue un rôle primordial. Il guide, conseille, joue le rôle de modèle, de protecteur et de guerrier. Il est son pont vers la vraie vie.

Je rends hommage aux pères en sachant qu'aujourd'hui, leur rôle demande encore plus de courage et de détermination.

Les paroles de bienveillance

«Les paroles de bienveillance peuvent être brèves mais leur écho résonne à l'infini.»

— MÈRE TERESA

Quelques mots affectueux peuvent faire toute la différence dans la vie d'une personne. Dire à quelqu'un qu'on l'aime ou qu'on l'apprécie peut avoir un effet important sur cette personne. Je ne ménage plus mes compliments. Je témoigne mon amour aux gens que j'aime. Je révèle à mes amis l'importance qu'ils ont pour moi. Je ne ménage plus mes mots d'amour.

Dépasser nos premières limites

«Nous sommes tous ici pour dépasser nos premières limites, quelles qu'elles soient. Nous sommes ici pour reconnaître notre caractère magnifique et divin, peu importe ce qu'il nous dit.»

— LOUISE HAY

Une barrière est un obstacle qui nous empêche d'atteindre un objectif ou qui freine notre évolution. La vie comporte toutes sortes de barrières. Mais les barrières les plus redoutables sont celles qu'on s'impose à soi-même. Ces barrières sont difficiles à sauter car on ne les voit pas. Elles sont tellement intégrées à notre façon de penser et de voir les choses qu'on ne peut pas les déceler. Tout au long de notre cheminement personnel, nous devons examiner les attitudes, les perceptions et les comportements qui gênent notre progrès. C'est seulement lorsque nous pouvons identifier clairement nos barrières personnelles que nous pouvons nous frayer un chemin vers la sérénité.

Penser avant de parler

«Si nous voulons vivre en harmonie, nous ne pouvons blesser nos interlocuteurs au nom de la vérité. Il importe que nous ayons le courage d'être lucides à propos de nos sentiments, mais nous avons tout intérêt à réfléchir avant de parler et à nous poser la question suivante : s'agit-il d'un sentiment ou est-ce un jugement que je porte? S'il s'agit d'un sentiment réel, tel que la tristesse, la colère, le rejet, la joie, la passion, nous devons ensuite nous interroger sur la façon la plus aimable dont nous pouvons témoigner de ce sentiment.»

— SUE PATTON THOELE
Sagesse de Femme

Je désire être ouvert et en communication avec autrui. Je désire partager mes sentiments et être sincère et authentique. Je vois l'importance d'affirmer et d'exiger le respect. Et je vois aussi l'importance d'avoir du tact et de la diplomatie.

Je dois préparer mes communications. Je dois être sensible pour ne pas brusquer mon interlocuteur. Je dois chercher à m'exprimer en renforçant les liens de communication. Avant de m'exprimer, je réfléchis quelques instants et je m'ajuste à la situation.

S'offrir en cadeau

Je peux être moi-même à tous les moments et dans toutes les circonstances. Les gens qui m'entourent et qui m'estiment sont ravis de constater qui je suis. Être soi-même ne demande pas d'efforts particuliers. Être soi-même c'est être spontané, c'est s'exprimer sans retenue. En étant moi-même, je peux faire l'expérience directe des choses et des personnes. Je vis au moment présent.

Je comprends maintenant que le plus beau cadeau que je puisse offrir à un autre, c'est l'être que je suis véritablement. En m'exprimant pleinement, en étant présent et ouvert, je m'offre entièrement. Voici donc la clef du bonheur au quotidien: être soi-même dans toutes les circonstances. Quel acte de bonté envers moi et envers les autres!

Je manifeste ma grandeur

La bienveillance est un cadeau que l'on fait à autrui ainsi qu'à soi-même. En étant bienveillant, je suis fidèle à ma nature et à mon intention fondamentale. Je sais que je me réalise et que je chemine vers la voie de la sagesse en étant bienveillant. J'accepte de manifester ma grandeur, ma compassion et mon amour tous les jours. De cette façon, je vis dans le bonheur et dans la sérénité.

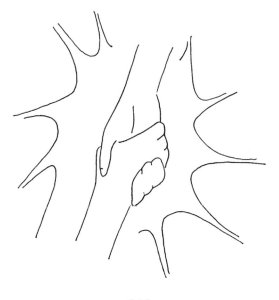

La sérénité

Aujourd'hui je retrouve la sérénité et la paix intérieure. L'expérience d'être bien, tout à fait calme et serein m'a déjà semblé impossible à atteindre. J'avais souvent l'impression que la vie était une lutte perpétuelle pour protéger ses acquis et pour survivre. Je vois maintenant que le calme intérieur et le détachement sont possibles. La sérénité apparaît avec l'éveil spirituel et la reconnaissance de la vraie nature des êtres et des choses.

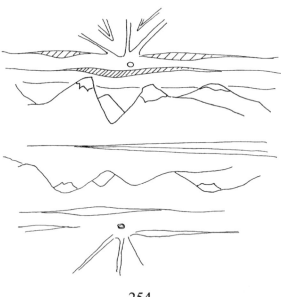

L'éthique

J'ai appris à vivre de façon intègre et transparente. Avec le temps, j'ai compris l'importance de l'honnêteté, de la justice et de l'intégrité personnelle. Cela signifie que je cherche constamment à être honnête envers moi-même et que je pars avec l'intention de faire le bien et de contribuer au bonheur des autres.

Pour moi, l'éthique personnelle signifie également la réussite. Comment puis-je être fidèle à moi-même et à mes principes si je suis dépendant ou si j'essuie constamment des échecs? Je vois dans le travail honnête et intelligent, dans l'application consciencieuse de mes principes de vie et dans l'établissement de buts valables, une formule qui me mène inévitablement vers le succès.

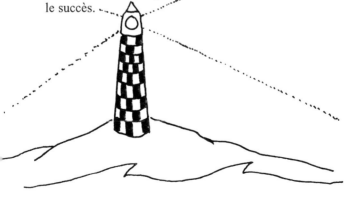

La force de mes intentions

Aujourd'hui, je me rends compte de la force de mes intentions et de mes décisions. Je regarde les décisions et les positions fondamentales que j'ai prises dans le passé. Ces décisions sont-elles toujours aussi valables? J'évalue leur pertinence en date d'aujourd'hui. Si je suis heureux avec ces décisions, je les réaffirme, sinon j'en prends de nouvelles.

Je suis capable de vivre
n'importe quelle expérience

Je crois que la résistance est une des principales sources de souffrance. Ce à quoi je résiste me poursuit et finit par me trouver. Alors, je cherche à rester ouvert et disposé à vivre toutes les expériences de la vie. Cette attitude réceptive m'épargne beaucoup d'ennuis car je suis toujours fluide et adapté aux diverses situations de la vie. En étant ouvert et réceptif, je peux composer avec n'importe quelle situation.

Vous pourriez réagir en disant: «Je ne veux pas vivre l'échec, la mort, le vieillissement, la violence, la faim, la pauvreté et toutes les autres expériences difficiles et désagréables». Être disposé à vivre toutes les expériences et toutes les communications ne signifie pas que l'on doive rechercher les tragédies et les mésaventures. Cela signifie plutôt que l'être est disposé à en faire l'expérience directe; plutôt que de résister ou de fuir, il fera face aux événements. Aujourd'hui, je suis prêt à faire l'expérience directe des choses.

5 septembre

Je prends le temps de bien me nourrir

Je sais que ma santé est importante et j'y consacre du temps. J'examine mon alimentation et je change mes habitudes afin de mieux me nourrir. Je mange des aliments sains qui contribuent à me fournir l'énergie dont j'ai besoin chaque jour. Je prends le temps de déguster les aliments en mastiquant et en savourant chaque bouchée. De cette manière, j'apprends à connaître le goût des aliments et à apprécier ce que je mange. En prenant le temps de bien manger, j'accorde à mon corps les ressources dont il a besoin pour être bien et en santé. Bien manger est aussi une grande marque de respect pour moi-même. Aujourd'hui, je prends le temps de bien me nourrir. Je dresse un menu équilibré et diversifié. En étant attentif à ce que je mange, je participe à mon bonheur en améliorant ma santé.

Concrétiser notre scénario

«Vous devez accepter la vie comme elle se présente, mais vous devriez essayer de faire en sorte qu'elle se présente comme vous aimeriez qu'elle soit.»
— ANCIEN PROVERBE ALLEMAND

Ce que je veux créer dans ma vie, c'est un scénario que j'imagine. Lorsque je m'approche de cette concrétisation, je le sais car je l'ai déjà imaginée. Et lorsque je m'éloigne de sa réalisation, je peux agir pour rectifier la situation. J'utilise donc mon imagination pour inventer mon scénario. Peu importe qu'il s'agisse d'argent, de ma relation de couple, de ma famille ou de ma carrière. En imaginant mon scénario, je crée une vision claire du futur et je me projette vers l'avant.

Je peux tendre de tout mon cœur vers cette réalisation. Je peux développer ma vision du futur, développer une conception claire de la vie que je désire. Je peux atteindre cet objectif car je suis en mesure d'écarter les personnes et les choses qui m'éloignent de mon scénario préétabli.

Mon plan d'attaque

«Vous avez peut-être des habitudes qui vous affaiblissent. Le secret du changement, c'est de concentrer toute votre énergie non pas à lutter contre le passé, mais à construire l'avenir.»

— SOCRATE

Aujourd'hui, je m'intéresse à la planification. J'ai compris que pour faire des progrès, je dois me donner des objectifs et des moyens pour les atteindre. Je suis totalement responsable de ma vie et de mon trajet sur terre. Je sais ce qui est bon pour moi et pour ceux que j'aime. Aujourd'hui, je dresserai un plan d'attaque en vue d'atteindre les objectifs qui me sont chers.

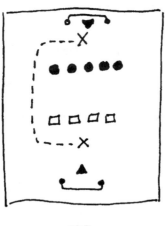

Quelles sont mes aspirations?

Aujourd'hui, je me souviens de mes aspirations. Pendant un long moment, j'avais cessé d'aspirer à atteindre mes buts et à réaliser mes désirs les plus profonds. Il y a eu des moments de découragement, des obstacles qui me semblaient insurmontables et graduellement j'ai perdu mes ailes. Mais la force en moi, plus grande que la vie elle-même, a réveillé ces rêves de leur sommeil peu profond.

Le monde selon moi

«Nous ne voyons pas les choses telles qu'elles sont, nous voyons les choses tel que nous sommes.»
— ANAÏS NIN

Je suis moi et tu es toi. Tu as tes propres perceptions et j'ai les miennes. Je peux apprécier ce que tu vis mais je ne peux pas vivre ta vie. Tu peux sans doute avoir une idée de ce que je vis mais tu ne pourras pas en faire l'expérience directe. Je vois le monde à travers mes yeux. Et tu vois les choses à ta façon. Je vois comment je crée ma propre expérience de vie à partir de mes attitudes, de mes pensées et de mes actions. Je suis unique et je vois le monde selon mes propres perceptions. Tu crées ta vie à partir de tes propres valeurs, perceptions et comportements. Tu es un être unique et de grande valeur. Je suis un être libre et complet qui apporte quelque chose de totalement nouveau à la vie. Tu es un être bien spécial et tu transportes toute ta riche expérience avec toi.

Du rêve à la réalité

Aujourd'hui, j'utilise mon imagination pour rêver et pour voir dans l'avenir. Je sais que je crée moi-même mon propre destin. J'utilise donc mon imagination pour créer un destin parfait. À chaque fois que je m'éloignerai de ce destin parfait que j'ai à l'esprit, je ferai des ajustements.

La joie de la création artistique

Il y a une joie inhérente à la création artistique. C'est une profonde méditation, une communion entre l'être et la nature, entre le monde du visible et le monde de l'imaginaire. Aujourd'hui, j'accorde une place importante à la création artistique.

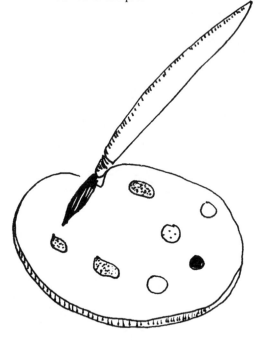

La beauté

La beauté apparaît comme une vérité supérieure car l'être spirituel aime la beauté. L'être spirituel aime la beauté car elle lui ressemble. En s'adonnant à créer la beauté, autour de lui et en lui, l'être s'aligne étroitement à l'ordre divin et noble de l'univers.

Les bonnes choses de la vie

Aujourd'hui, je prends conscience de toutes les bonnes choses de la vie. Je me laisse emplir d'un sentiment de bien-être et de gratitude envers toutes les chances et toutes les expériences heureuses que j'en ai retirées. Je ne fais pas abstraction de la misère réelle que j'ai vécue; aujourd'hui, je choisis de focaliser sur ma bonne fortune.

Je suis heureux

Aujourd'hui, je suis heureux d'être ici, d'être en vie et de pouvoir respirer l'air frais. Quelle chance j'ai d'avoir une bonne santé et de pouvoir avancer librement dans la vie. Quelle chance j'ai de pouvoir décider pour moi-même et d'être libre de façonner ma propre destinée. Quelle chance j'ai d'avoir l'opportunité de faire mes preuves et de trouver ma place dans ce monde.

La confusion

Aujourd'hui, je sens que la confusion se dissipe. Je vois déjà beaucoup plus clairement et je suis beaucoup plus sûr de moi. Je me rends compte maintenant que la confusion que je ressentais provenait des messages conflictuels reçus tout au cours de ma vie. Maintenant, je suis à la recherche de ma vérité et de ma réalité. En m'écoutant, je sentirai la confusion disparaître.

Les somnambules

Aujourd'hui, je suis parfaitement éveillé. Au fil des ans, si l'on ne se méfie pas, la vie peut graduellement nous endormir, nous laisser semi-conscients. La conscience et la présence demandent un certain effort et une certaine volonté. On doit pouvoir refuser la réalité subjective qui sert de consensus dans nos sociétés. On doit pouvoir regarder de nos propres yeux et entendre de nos propres oreilles.

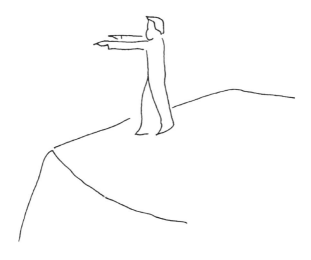

Aujourd'hui je suis curieux

Aujourd'hui, je me laisse aller à ma curiosité. La curiosité est tout à fait naturelle. On cherche à découvrir, à comprendre et à intégrer les choses, les événements et les êtres qui nous entourent. Alors, il est normal et nécessaire de poser des questions et d'explorer.

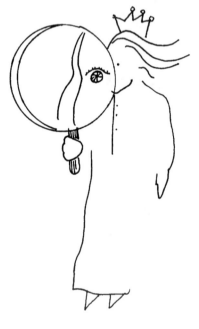

Le détachement

Aujourd'hui, je ne confonds pas le détachement et l'indifférence. Je suis capable de prendre les décisions en rapport aux problèmes qui se présentent à moi. Je peux conserver un détachement sain et garder mon calme intérieur dans toutes les circonstances.

Comment dire «non»

Aujourd'hui, je m'affirme en apprenant à dire «non». J'ai longtemps eu de la difficulté à exprimer clairement ma position et à faire valoir mes besoins. Je craignais de brusquer les gens autour de moi et de perdre leur estime. Mais à présent, je comprends qu'en m'affirmant, je suis mieux apprécié. Seuls les gens qui m'estiment et me respectent réellement demeurent avec moi.

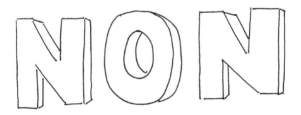

Des gens comme moi

Aujourd'hui, je fonde mes relations sur les principes de l'entraide et de la communication. Avec le temps, j'ai bien vu que pour être heureux, je devais fonder des relations salutaires avec les autres. Cependant, je sais que je dois choisir judicieusement les gens qui partagent mon intimité. J'ai aussi constaté l'importance de l'écoute et de l'acceptation de l'autre. Je peux repérer un être qui cherche, tout comme moi, à s'épanouir.

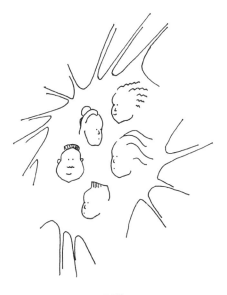

La réhabilitation

Aujourd'hui, j'ai une notion plus large de la réhabilitation. On utilise souvent ce terme pour parler des récidivistes et des criminels. Mais en réalité, réhabiliter, c'est redonner la vie et recouvrer ce qui n'était plus accessible. Je cherche à réhabiliter ma joie, mon émerveillement, ma tolérance, ma nature spirituelle, ma créativité. Toutes ces qualités sont là, latentes, et attendent seulement que je les réhabilite.

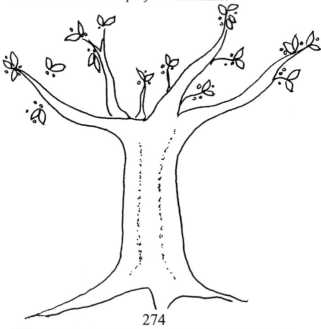

La sagesse d'en connaître la différence

Mon Dieu, donne-moi la sérénité
D'accepter les choses que je ne peux pas changer,
Le courage de changer les choses que je peux,
Et la sagesse d'en connaître la différence.[1]

Aujourd'hui, je vois qu'il y a des choses que je peux changer. Je peux créer une vie qui vaille vraiment la peine d'être vécue. Je peux vivre dans l'amour et la joie tous les jours. J'ai aussi appris à accepter ce que je ne pouvais pas changer et à réduire leur importance dans ma vie.

Chaque jour, je renforce ce qui est important et je laisse aller les choses qui sont sans importance. De cette façon, je retrouve ma sérénité tous les jours.

[1] Version abrégée de la Prière de la sérénité

La gratitude

Aujourd'hui, je suis rempli de gratitude. Malgré tout, ma vie est une série d'expériences merveilleuses. Chaque jour m'offre diverses possibilités, divers choix. Je suis plus qu'un survivant. Je suis un des rares êtres qui a pris conscience de sa vie intérieure et qui a choisi le chemin de l'amour et de la réconciliation.

Je vois aussi que je suis fortuné de vivre dans une société qui m'offre encore la possibilité de m'améliorer et de m'exprimer librement. Je peux choisir ma propre destinée. Je peux choisir ma vocation. Je peux créer et grandir dans cette société.

Boucler la boucle

«Les larmes les plus amères versées sur les tombes tiennent aux paroles passées sous silence et aux actions restées inaccomplies.»
— LILLIAN HELLMAN
The Little Foxes

Je vois maintenant l'importance de ne pas abandonner avant d'avoir tout tenté. Je boucle la boucle et je pars le cœur net.

Il est parfois très difficile d'exprimer tous les sentiments que l'on ressent. On peut vouloir quitter une situation que l'on trouve difficile sans avoir fait tout ce qui doit être fait. Mais je sais qu'en faisant cela, je peux traîner avec moi des vestiges de cette situation. Lorsque j'ai donné ma parole, je rencontre mes engagements en complétant la tâche. Lorsque j'ai quelque chose d'important à communiquer, je trouve la façon de m'exprimer. De cette façon, je peux voyager avec un cœur léger.

Trouver l'équilibre et l'harmonie

«La plupart de nos douleurs et de nos souffrances, qu'elles soient physiques ou émotionnelles, naissent d'un manque d'harmonie intérieure. Quand nous sommes malades, notre système immunitaire travaille activement à rétablir l'équilibre au sein de notre organisme. Au même titre, lorsque nous sommes contrariées, nos émotions recherchent le rétablissement de l'harmonie.»

— SUE PATTON THOELE
Sagesse de Femme

Dans chaque situation se trouve une possibilité d'action qui mène à l'harmonie intérieure. Dans chaque relation se trouve une série de comportements qui mènent à la communication et à l'harmonie. Lorsque je prends le temps de m'écouter et de faire ce que je dois faire, je m'oriente nécessairement vers l'harmonie intérieure. Parfois, je dois faire face à des situations déplaisantes. Alors je reste calme, j'écoute et je cherche à identifier les actions qui me mèneront vers le meilleur résultat. Je suis fidèle à moi-même et je ne me laisse pas emporter par la frustration du moment. Je peux retrouver mon harmonie intérieure chaque jour. J'accueille les émotions pénibles puis je les laisse aller. J'observe le flux de mes émotions sans me laisser prendre dans le torrent.

Contribuer à l'harmonie des autres

Aujourd'hui, je sais que je peux contribuer à l'harmonie des autres. En étant sensible à leurs préoccupations et en étant compatissant, je peux orienter mes paroles et mes gestes. Parfois, en faisant des petits ajustements dans mes comportements, je peux favoriser le développement d'une relation ou d'une communication plus nourrissante et plus harmonieuse. J'accepte mon rôle dans le bonheur des autres, si petit soit-il. J'accepte que mes paroles et mes actions puissent avoir un impact important sur les autres.

Être fier de ses accomplissements

«La vie est ce qu'on en fait. C'est ainsi depuis toujours, ce le sera jusqu'à la fin des temps.»

— GRANDMA MOSES

Chaque jour, j'ai la possibilité d'accomplir des choses. Je peux accomplir des petites choses comme faire le ménage ou de plus grandes comme compléter un travail important au bureau. Chaque tâche accomplie me procure un sentiment de satisfaction. Je multiplie donc les efforts pour mener à terme mes projets et de cette façon, je fais naître en moi un sentiment de fierté.

L'harmonie dans la beauté

«La nature a un don de guérisseuse. Elle nous entoure de beauté qui panse nos plaies et ravit nos cœurs, pour peu que nous y consentions. Nous devons retourner à la nature, avoir de la terre sous les ongles. Même si nous habitons un appartement au cœur de la ville, nous pouvons cultiver des fleurs en pots, dont la beauté est une marque de gratitude à l'égard de celles et ceux qui les arrosent et les nourrissent. La beauté des fleurs les plus rustiques peut faire entrer la joie dans notre cœur si nous avons le courage et la volonté de les contempler et de les apprécier.»

— SUE PATTON THOELE
Sagesse de Femme

Lorsque je suis en présence de la beauté, mon âme vibre. J'ai l'impression de vivre pleinement lorsque j'admire quelque chose d'une grande beauté. La nature me procure un sentiment de calme et de paix intérieure. Alors, je fais des excursions pour retrouver mon harmonie intérieure. Aujourd'hui, je sais que je peux retrouver mon calme intérieur devant la beauté de la nature, en travaillant dans mon jardin ou en appréciant la délicatesse d'une fleur.

Pleurer ses peines

«Chaque perte que nous expérimentons, qu'elle soit réelle ou que ce soit seulement la menace d'une perte, crée en nous le besoin de la pleurer, d'être en deuil et de surpasser la douleur puisque la souffrance y est associée. Y arriver demande un certain temps. Et quand nous pleurons nos pertes complètement, nous grandissons.»

— CHARLES L. WHITFIELD
L'Enfant intérieur

Lorsque je pleure, je relâche des émotions qui ont été emprisonnées en moi. Alors je me permets de pleurer car cela me soulage et me redonne mon calme intérieur. Je sais qu'en pleurant je peux enfin vivre pleinement mes émotions et laisser aller les sentiments qui demeuraient embouteillés en moi. Je peux, en pleurant, me réconcilier avec les pertes et les expériences pénibles que j'ai vécues. Je n'ai aucune honte à pleurer car je me ramène à moi-même et je me réconcilie avec le passé.

Agir malgré la peur

«Agir malgré la peur fournit une preuve de courage. Étonnamment, nous agissons de la sorte quasiment chaque jour. Si nous ne confrontions pas nos peurs, qui d'entre nous aurait un jour changé d'emploi ou de ville? Qui plus est, qui parmi nous s'attaquerait au besoin incessant de mieux se connaître si nous n'étions pas déjà pourvues de courage?»

— SUE PATTON THOELE
Sagesse de Femme

Je sais que dois pouvoir affronter mes peurs chaque jour. C'est en les affrontant que je deviens plus grand qu'elles. Il est tout à fait normal de me sentir angoissé et incertain devant l'inconnu ou face à une situation difficile. Je dois par contre prendre mon courage à deux mains et faire face à la situation. En affrontant mes peurs, je peux grandir et poursuivre mon cheminement. La voie vers l'harmonie intérieure est parsemée d'embûches. Mais je sais qu'aucun obstacle, aucune peur ne pourra m'arrêter.

La maîtrise du temps

«Allez lentement, respirez et souriez.»
— THICH NHAT HANH

Je peux avoir une influence déterminante sur le temps. Je me suis rendu compte que j'avais laissé le temps devenir maître de ma vie. C'est le temps qui déterminait mes allées et venues. C'est le temps qui déterminait ma qualité de vie. J'avais laissé un système de mesure prendre le contrôle de ma vie. Je voyais le temps agir sur moi, sur mon corps, sur mes relations et sur mes expériences et j'avais l'impression de n'y rien pouvoir. Je devais, en quelque sorte, subir le poids du temps et je devais lutter contre ses effets négatifs.

J'ai cessé de laisser le temps m'envahir et me pousser dans une fuite vers l'avant. Je refuse de me laisser emporter par ces vagues incessantes qui s'abattent sur moi et détournent mon attention du moment présent. Je me suis rendu compte que je suis maître du temps. Je peux modifier mon expérience du temps. Je peux être libre de ses influences néfastes.

Je suis un nageur averti

«Lorsqu'on est pris dans une lame de fond qui nous pousse vers le large, inutile de combattre et de nager vers le bord. Il s'agit de lâcher prise et de ne pas lutter contre le courant. En lâchant prise, on se laisse calmement emporter par le courant et on peut donc naviguer et regagner plus facilement la plage.»

— UN NAGEUR AVERTI

Je me suis rendu compte que l'application de la force directe était très rarement utile. Les choses et les êtres cherchent à être en équilibre. Ce qui est en mouvement cherche à rester en mouvement. Ce qui est stationnaire cherche à rester stationnaire. Lorsque je m'oppose avec force ou violence à quelque chose, je ne me rends pas toujours compte du caractère et des tendances de cette chose. Il vaut mieux observer et s'ajuster à la situation que de chercher à s'imposer avec force.

Évidemment, je ne veux pas me laisser ballotter par les événements comme une feuille sur l'eau. Mais en reconnaissant la nature et le fondement d'une situation, je peux développer une approche qui lui est propice. Je dois aussi reconnaître le pouvoir de mes décisions qui, elles, ont une influence déterminante.

La magie du moment

«Si vous prenez une fleur dans votre main et la regardez vraiment, cette fleur devient votre monde pour un moment.»

— GEORGIA O'KEEFFE

En réalité, il n'y a qu'un moment, l'instant présent. Si l'on gaspille cet instant présent à penser à demain ou à hier, il s'évapore rapidement et disparaît à jamais. Pourquoi ne pas arriver, ici et maintenant, à vivre ce précieux moment. J'ai compris que je devais utiliser une intention très forte et très claire pour apparaître en cet instant.

Les plus grands plaisirs de la vie se vivent dans l'instant présent. Alors j'ai pris la décision d'être présent ici et maintenant.

Vivre dans le présent

«Vivez dans le présent. Faites toutes les choses qui doivent être faites. Faites toutes les bonnes choses que vous pouvez chaque jour. L'avenir s'ouvrira à vous.»
— PEACE PILGRIM

Ce que je fais aujourd'hui, maintenant, aura un effet sur demain. Je peux vivre le moment présent tout en plantant les semences de mes succès et de mes joies futures. Je peux être dans le moment présent et regarder fermement vers l'avenir. Je peux ralentir le temps et savourer les joies du moment.

Voir ce qu'il y a là

*«La vie est quelque chose qui vous arrive lorsque vous
êtes occupés à planifier autre chose.»*
— JOHN LENNON

Nous sommes parfois si préoccupés par nos pensées et
nos projets futurs qu'on ne voit pas ce qu'il y a là,
devant nos yeux. À chaque instant, on a la possibilité
de se rebrancher à notre environnement immédiat afin
de constater ce qu'il y a là tout simplement.

Aujourd'hui, je regarde avec mes yeux. Je suis silen-
cieux et je regarde le monde qui m'entoure à l'instant
présent. Lorsque je suis en compagnie de quelqu'un,
je prends plaisir à être là vraiment, complètement.
Lorsque je suis seul, je prends quelques instants pour
me rebrancher dans le présent.

Voir le bon côté des choses

«Quoi qu'il advienne, une alternative s'offre toujours à nous : soit voir le bon côté de la chose, soit voir le mauvais côté. Plus on voit le bon côté, plus on est heureuse parce que la résistance magnifie la souffrance et considérer le mauvais côté d'une situation équivaut à une résistance.»

— SUE PATTON THOELE
Sagesse de Femme

Notre expérience est largement déterminée pas nos perceptions. Lorsque je focalise mon attention sur le mauvais côté des choses, ces perceptions affectent directement mon expérience. Je ne pourrai pas être heureux si je centre constamment mon attention sur les aspects négatifs de la vie, de mon travail et de mes relations. Je dois vérifier mes perceptions avant de passer un jugement. Je dois chercher à regarder les situations sous différents angles. De cette façon, je pourrai développer des perceptions plus justes de chaque situation.

Mes habiletés naturelles

J'ai des habiletés naturelles, des choses que je fais bien, presque naturellement. Lorsque j'entreprends une activité qui n'a pas de mystère pour moi, je me sens comme un poisson dans l'eau. Je fais l'expérience de la facilité et je suis en harmonie avec moi et avec mon environnement. J'ai un sentiment de compétence lorsque j'entreprends ce genre d'activité. Lorsque j'exprime mes habiletés naturelles, je me sens bien et en contrôle.

Aujourd'hui, je ferai l'inventaire de mes talents et de mes habiletés naturelles. Ensuite, je vérifierai comment j'intègre ces habiletés dans mes activités quotidiennes. Si je n'exploite pas un de mes talents, j'identifierai une façon de l'intégrer et de m'en servir plus souvent.

Nos inquiétudes

«Nous devons planifier en fonction de l'avenir sans toutefois nous en inquiéter. La planification rassure, l'inquiétude trouble inutilement. La planification renforce, l'inquiétude fait des victimes.»

— SUE PATTON THEOLE
Sagesse de Femme

L'inquiétude est un sentiment de peur diffus et généralisé qui n'a aucun objet précis. L'inquiétude émane de la peur de l'inconnu et d'une préoccupation de ce qui pourrait se produire demain. Tout ce que je sais avec certitude, c'est que je suis ici maintenant. J'ai dû affronter des situations difficiles et je m'en suis sorti. J'aurai à faire face à des défis dans l'avenir et je sais que je possède toutes les capacités et toutes les ressources pour réussir. Lorsque je me surprends à m'inquiéter, je me dis que ça ne sert à rien. Mieux vaut composer avec ce qu'il y a là plutôt que d'essayer de prévoir les futurs désastres.

La douce lumière de l'automne

Aujourd'hui, je laisse la douce lumière de l'automne caresser et réchauffer ma peau. J'accueille l'automne comme un vieil ami qui partage avec moi sa sagesse et les fruits de son labeur. Je laisse l'énergie de l'automne me pénétrer et calmer mon esprit. Aujourd'hui, je prends le temp de humer l'air frais et riche de l'automne et je suis rempli de calme et de tranquillité.

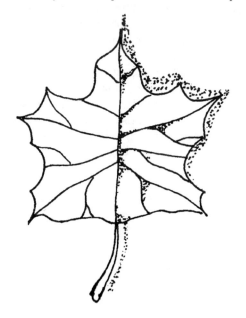

Accepter l'inacceptable

«Il est extrêmement ardu d'accepter une chose qui semble a priori inacceptable et, pour cette raison, nous ne devons pas nous brusquer devant cette éventualité. Relâcher sa résistance ouvre la voie à l'acceptation et à la sérénité.»

— SUE PATTON THOELE
Sagesse de Femme

Parfois nous nous trouvons face à une situation que nous considérons comme inacceptable. Nous vivons alors une profonde déception, un immense sentiment de refus. Nous sommes incapables de vivre un tel échec, refus, rejet, perte. Alors tout notre être résiste à la réalité de l'événement. Cette forme d'expérience nous pousse à entrer dans des zones que nous ne voulons pas connaître. La vérité est que nous pouvons vivre toutes les expériences que la vie nous offre. Nous pouvons faire l'expérience de n'importe quoi. Ce qui est à la base de la douleur, c'est notre résistance à être en présence de cette expérience. Lorsque nous nous permettons de faire l'expérience graduelle de cette nouvelle réalité, nous voyons qu'il est possible de l'intégrer et de l'accepter malgré tout. Ce que je vois, c'est qu'il n'y a aucune expérience que je ne peux pas vivre, aucune réalité que je dois craindre fondamentalement. Je suis prêt à tout.

L'inattendu

«Les plus ardentes flammes de joie sont souvent allumées par suite d'étincelles inattendues.»
— DR JOHNSON

Si je sais déjà comment ma vie va se dérouler, comment puis-je garder mon esprit ouvert aux nouvelles expériences? Si je me contente de vivre ce que j'ai toujours vécu, comment vais-je pouvoir construire une vie nouvelle? Je suis persuadé que ma vie m'apportera de nouvelles expériences, de nouveaux défis et de nouvelles possibilités. Je cherche la stabilité et l'équilibre dans ma vie mais je désire également vivre des expériences nouvelles. Surtout, je souhaite pouvoir jeter un nouveau regard sur le monde et le connaître sous différents angles. Aujourd'hui, je demeure réceptif à l'inattendu, à la surprise. Je me laisse aborder par les gens et je suis ouvert à faire de nouvelles rencontres.

Riez, dansez et chantez ensemble

«Un foyer où l'on se sent bien est un endroit où les parents et les enfants peuvent se détendre et se remettre des pressions de la journée. Rire, chanter et danser sont les moyens les plus rapides de transformer les préoccupations en célébrations. Avoir du plaisir ensemble solidifie les liens familiaux et favorise les relations honnêtes et harmonieuses entre les membres de la famille. En grandissant, vos enfants auront beaucoup plus de chances de se sentir bien en famille si tout le monde a du plaisir.»

— JUDY FORD
Les Merveilleuses façons d'aimer son enfant

Ma famille d'origine n'a pas été un milieu très rigolo. C'était souvent une zone de tensions et de conflits. Une zone où les rires étaient clairsemés et où la joie montrait rarement son visage. Je suis très conscient de ce que je veux créer dans ma vie. Je veux vivre dans un foyer harmonieux où on peut se sentir en sécurité, s'amuser et rire de bon cœur. J'ai la possibilité de créer ce genre de contexte dans ma propre vie d'adulte. Cette vie de famille servira à calmer mon esprit et à me redonner confiance.

Les vieilles habitudes

Lorsque je constate chez moi un comportement qui me déplaît, je prends le temps de choisir si je désire conserver ce comportement. Je ne suis pas la victime de mes vieilles habitudes. Je peux choisir de nouveaux comportements à partir du moment où je les choisis consciemment. Évidemment, briser de vieilles habitudes et développer de nouveaux comportements peuvent demander beaucoup d'énergie. Je sais que je dois être patient et aimant avec moi-même et je dois récompenser mes petites victoires. Je ne suis pas enchaîné au passé. Je décide de la façon dont je vais vivre ma vie tous les jours.

Être réceptif

J'ai compris que je dois être disposé à recevoir des communications. Je me place à l'écoute de l'autre lorsqu'il a quelque chose à me communiquer. Écouter signifie être présent pour recevoir une communication. En écoutant, je respecte la personne qui est en face de moi, j'accorde de l'importance à ses propos. Se sentant écoutée, la personne communique mieux ce qu'elle a à me dire. Par l'écoute, je découvre une nouvelle façon de découvrir les autres. Aujourd'hui, je me place à l'écoute des autres.

Accepter la beauté de nos imperfections

«Lorsque nous cédons aux comparaisons, en général notre estime de soi paye la note. On trouvera toujours quelqu'une de plus intelligente, de plus mince, de plus créatrice, de plus jolie ou de plus jeune. Nous sommes toutes habitées de vides, à la façon d'un fromage gruyère, sauf que nos vides se trouvent en des endroits différents.»

— SUE PATTON THOELE
Sagesse de Femme

On dit que les imperfections rendent les gens plus aimables. Tout ce que je sais c'est que, tôt ou tard, chaque personne doit affronter ses propres imperfections et ses propres limites. On ne peut pas espérer posséder tous les talents, toute la beauté et tous les atouts. Par contre, chaque personne possède ses qualités et sa propre beauté. Chaque personne a quelque chose à offrir. Et chaque personne a la possibilité de s'améliorer et de s'épanouir. On est grand lorsqu'on cherche à grandir. On est beau lorsqu'on est authentique. On est aimable quand on se laisse aimer. Tous les gens ont des petits côtés à améliorer. Certains ne s'en rendent pas compte.

Être digne d'amour

J'ai longtemps cru qu'en étant aimable avec les autres, je serais digne d'être aimé. Je vois maintenant que la vérité est tout autre. Il n'est pas nécessaire de faire des choses particulières pour être aimable ou pour être aimé. Je suis digne de recevoir et de donner de l'amour. Je peux m'aimer car *je suis* et parce que tout être vivant mérite d'être aimé.

17 octobre

Découvrir avec ses propres sens

Aujourd'hui, je prends plaisir à utiliser mes perceptions. Je regarde, j'écoute, je sens, je touche et je
goûte. Mes sens me permettent d'établir un lien avec
le monde physique et le monde subtile. Je suis à
l'écoute de mes propres sens et je leur donne raison.
Ils m'informent et me font connaître le monde.

Ma sagesse fondamentale

Il y a une vérité qui est très bien camouflée par l'apparence des choses et par l'organisation actuelle des sociétés modernes qui accorde toute l'importance aux choses et au corps et qui minimise l'importance de l'être spirituel: l'ultime valeur est l'importance de notre sagesse profonde et de notre vie spirituelle.

Au cours de notre vie, on reçoit des conseils, des vérités et des idées de toutes sortes. Je suis à l'écoute des autres mais je sais que je dois surtout être à l'écoute de ma propre sagesse et de mes propres idéaux. Plus je développe cette capacité de m'écouter, plus je suis fidèle à moi-même et plus je suis en harmonie avec ma sagesse innée. Aujourd'hui, je suis à l'écoute de ma propre sagesse. En étant à l'écoute de moi-même, je favorise le développement de ma vie spirituelle.

S'éveiller à l'amour de soi

«Le véritable amour de soi est d'autant plus précieux qu'il est rare. L'amour de soi n'est pas de l'égoïsme ou de l'égocentrisme, mais plutôt la création d'un environnement intérieur favorable à l'amélioration de soi.»

— SUE PATTON THOELE
Sagesse de Femme

Je vois maintenant comment la relation que j'entretiens avec moi est déterminante dans l'atteinte du bonheur. La façon dont je me comporte envers moi-même, la façon dont je me parle, les possibilités que je m'offre, les moments de plaisir et de détente que je m'offre, tous ces éléments sont importants. J'avais tendance à négliger mes propres besoins et à centrer mon attention sur les besoins d'autrui. À présent, je vois comment ma relation avec moi-même est déterminante. Alors, je m'occupe de moi. Je m'offre tout l'espace et tout le temps nécessaires. Je me comporte envers moi-même comme si j'étais mon meilleur ami.

Réinventer mon amour tous les jours

J'ai toujours cru que j'allais rencontrer l'âme sœur un jour et qu'à partir de ce moment, ma vie se transformerait en une merveilleuse aventure. J'ai dû éventuellement abandonner cette illusion car j'étais fondamentalement malheureux dans mes relations de couple. J'attendais ce moment magique qui transformerait ma vie. J'attendais quelqu'un ou quelque chose de mieux.

L'amour véritable est un travail d'amour qui exige présence et engagement. Je dois me donner chaque jour. Je dois réinventer mon amour tous les jours. Ce travail d'amour est fondé sur mon engagement, ma parole et mon intention d'aimer. Aujourd'hui, j'aime véritablement et, à chaque jour, je renforce ma relation en faisant des choses qui y contribuent réellement. La vie de couple est parfois un travail ardu, parfois un travail de création. Je suis disposé à travailler pour approfondir et attendrir cette merveilleuse union.

Ouvrir ma vie à l'amour

En ouvrant mon cœur et mon esprit à l'amour, j'ouvre ma vie aux autres. Je cherche à créer un climat d'entraide, de communication et de tendresse avec tous ceux qui désirent me connaître et partager ma vie. Évidemment, lorsque j'ouvre mon cœur à l'amour, je prends le risque d'être blessé et même peut-être de vivre le rejet ou la déception. Mais les récompenses de l'amour véritable étant très tendres et enrichissantes, je dois prendre le risque.

Aujourd'hui, j'ouvre ma vie à l'amour.

Être libre

Pour moi, être libre signifie penser par moi-même, vivre mes propres sentiments, m'exprimer librement et être en communication avec les gens que je choisis. Être libre signifie également pouvoir aller au fond des choses, connaître intimement quelque chose ou quelqu'un. C'est avoir la possibilité de dire oui ou de dire non. C'est la possibilité de posséder une chose et de la rejeter tout simplement. Être libre signifie assumer pleinement les joies et les difficultés. Aujourd'hui, je proclame ma liberté. Je suis libre de choisir, d'accepter, de refuser, d'avancer ou de reculer. Je peux faire mes propres erreurs. Je cultive dans mon jardin ce blé doré qui fléchit et se balance au gré du vent.

Je ne suis jamais vraiment seul

«Le rapprochement et la compréhension se trouvent à notre portée lorsque nous avons le courage de vaincre notre résistance ou notre gêne et que nous réclamons l'appui dont nous avons besoin. En prenant conscience que nous sommes toujours aimées et jamais seules, nous goûtons la sécurité et la tranquillité d'esprit auxquelles nous aspirons. Le voile entre le divin et nous est plus perméable que nous ne le pensons.»

— SUE PATTON THOELE
Sagesse de Femme

J'ai le profond sentiment d'être accompagné et d'être aimé. Je sens une force d'amour dans ma vie; une présence subtile qui m'entoure et m'enveloppe. Lorsque je m'éloigne de mes idéaux et de mes principes, je m'éloigne de cette énergie amoureuse. Lorsque je me respecte en étant fidèle à moi-même et à mes idéaux, j'invite cette énergie d'amour à habiter ma vie.

Je me félicite

«Afin d'être en mesure d'accepter l'authentification de notre valeur personnelle, nous ne devons faire preuve de modestie que lorsque cette réaction est authentique. Lorsque nous connaissons la réussite, nous pouvons accepter sans crainte l'éloge qui nous est adressé.»

— SUE PATTON THOELE
Sagesse de Femme

J'avais tendance à critiquer mes erreurs et à être très exigeant envers moi-même. J'oubliais facilement de me complimenter pour mes accomplissements. Aujourd'hui, je m'aperçois que je dois me féliciter à chaque jour. Je dois reconnaître mes petites victoires quotidiennes et me complimenter pour mes succès. Je suis un être de très grande valeur. Je dois être plus généreux envers moi-même en reconnaissant mes qualités et en me félicitant pour mes accomplissements.

Ne plus chercher la bête noire

«Nous sommes toutes d'accord avec le précepte selon lequel il faut vivre un jour à la fois. Pourtant, laquelle d'entre nous n'appréhende jamais demain et les ennuis qui viendront ou ne retourne pas déterrer les ennuis du passé? Nous devons choisir de vivre en fonction de ce qu'aujourd'hui nous apporte. Vivre au présent, sans ressasser les ennuis passés ou imaginer ceux qui viendront, est assurément la meilleure voie pour trouver la tranquillité d'esprit.»

— SUE PATTON THOELE
Sagesse de Femme

En acceptant les erreurs et les échecs du passé et en vivant le moment présent, je me libère d'un fardeau énorme. Je peux parfois tenter de rectifier des erreurs du passé lorsque cela est possible. Mais je ne peux pas vivre dans la nostalgie du passé en espérant recréer des événements ou des expériences qui sont révolus. Je dois me brancher solidement dans le moment présent et centrer mes efforts sur la réalisation de mes projets actuels.

Moi

«Je suis le seul «moi» que j'ai. Je suis unique.»
— SHARON WEGSCHEIDER-CRUSE

Il est impossible d'augmenter son estime de soi tout en vivant avec des gens négatifs qui ne nous trouvent pas estimable. Il est impossible de se développer dans une atmosphère hostile où l'on est peu ou pas reconnu ou apprécié. Les sentiments d'estime ne peuvent s'épanouir que dans un climat où les différences individuelles sont reconnues, où les erreurs sont tolérées, où le partage et la communication sont possibles et où les règles et les exigences sont flexibles.

Aujourd'hui, je m'entoure de gens tolérants, qui partagent et qui peuvent communiquer.

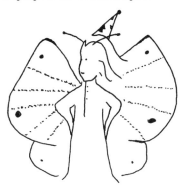

Réussir

On peut réussir sur plusieurs plans. On peut réussir sur le plan matériel et financier. On peut réussir sur le plan affectif en fondant une belle famille harmonieuse et heureuse. On peut réussir sur le plan professionnel en poursuivant une carrière intéressante. On peut réussir sur le plan spirituel en atteignant des niveaux de conscience supérieurs et en atteignant la sagesse et la sérénité. Le succès est satisfaisant. Le succès nous emplit de confiance en nos capacités et en notre détermination. Le succès est noble en autant qu'il n'est pas atteint au détriment d'autrui.

Réussir signifie pouvoir actualiser les résultats que j'envisage. C'est la concrétisation de mes buts et de mes rêves. C'est accepter le défi de mettre les choses en mouvement et d'orienter ce mouvement dans la direction que je désire. Aujourd'hui, je centre mon attention sur la réussite. Je regarde ma vie et je constate les succès que j'ai obtenus. Je prends note de la manière dont je les ai obtenus et je reproduis cette formule dans tous les aspects de ma vie.

Mes bornes personnelles

Lorsqu'on parle de bornes personnelles, on parle de la place qu'une personne occupe dans l'espace. On parle aussi du territoire vital d'une personne, de la zone de son intimité et des frontières qui servent à la protéger.

Je suis libre de choisir qui partagera mon intimité. Je peux choisir avec qui je désire communiquer. Je peux refuser ou accepter l'accès à mon intimité. Parfois, lorsqu'on a subi de mauvaises expériences auprès de gens malveillants, on se replie sur soi-même et ainsi, on ferme l'accès à notre intimité. Nos bornes personnelles deviennent donc très rigides et exclusives. Inversement, les personnes qui ont un grand besoin d'approbation et d'amour ont tendance à avoir des bornes très perméables et peuvent être envahies ou blessées facilement. J'ai moi-même fait une évaluation de mes propres bornes personnelles et maintenant je me donne la possibilité de choisir qui partagera mon intimité et jusqu'à quel point.

Le principe de la non-action

Il y a un livre très ancien de sagesse d'un philosophe chinois qui se nomme Lao Tsu (vieil homme). Ce livre a été écrit il y a plusieurs milliers d'années et parle du chemin vers la paix et la sérénité. Dans son livre, le *Tao Chi Chin*, Lao Tsu expose les vertus de la non-action. La non-action signifie la capacité d'attendre, d'observer, d'écouter et de découvrir avant d'agir. Chaque événement est mû par sa propre dynamique en rapport avec les lois de l'univers. Parfois, la plus grande erreur que nous pouvons faire est d'agir plutôt que de laisser les choses suivre leur cours. L'être impatient ne prend pas le temps de découvrir, il se précipite à pieds joints dans l'action et vient perturber l'ordre naturel des choses. Il y a là un message important. L'action doit être en harmonie avec la situation et, parfois, de ne pas agir et laisser les événements suivre leur cours est préférable.

Le consensus

«Au poker on doit pouvoir gagner avec une main perdante et perdre avec une main gagnante.»
— ROBERT REDFORD
Tiré du film Havana

Il y a au poker une dynamique qui s'apparente à la dynamique de la vie elle-même. Si l'on mise seulement sur les mains gagnantes, on passe notre temps à attendre que le destin nous offre la main idéale. Mais un joueur habile peut parier et gagner avec une main très faible s'il réussit à convaincre ses adversaires qu'il a une main gagnante.

Nos succès résultent de notre capacité de convaincre autrui qu'on sera victorieux. On doit pouvoir susciter l'accord de notre entourage si on veut atteindre nos objectifs. Il n'est pas question ici de supercherie mais de confiance en notre capacité de susciter un consensus sur la valeur du projet qu'on désire accomplir. Lorsque tous sont convaincus de notre éventuel succès, on réussit.

Le silence

«Célébrez le silence. C'est votre prénom. C'est le souvenir de votre premier vrai clair de lune.»
— COOPER EDENS

Notre besoin de silence méditatif est souvent le plus négligé de nos besoins. Nous essayons de trouver du temps, mais il n'y en a pas. Dès que nous tentons de prendre le temps nécessaire, des événements inattendus troublent notre retraire. Pourtant, nous ne devons pas douter qu'il existe en nous un lieu où nous vivons dans la solitude. C'est là où nous allons pour nous renouveler, pour reprendre contact avec le sens de notre vie.

Les moments de méditation seront, un jour, plus fréquents. Mais en attendant, nous devons saisir chaque occasion d'effectuer une courte visite en nous. Tandis que nous mettons de l'ordre dans une pièce ou que nous sommes coincés sur l'autoroute, nous pouvons respirer profondément et ouvrir la porte à notre vrai moi.

Les vertus du cœur

«Qui vit pour l'amour répand la bonté et la compassion partout autour de lui. Qui cesse de croire aux vertus du cœur ne devient qu'un véhicule stérile errant dans le désert.»

— FRANCIS HEGMEYER

J'ai envie de vivre dans un monde plus noble, plus généreux, plus vertueux. Un monde où règnent la bonté, la gentillesse, le courage et la compassion. Un monde qui encourage, célèbre et récompense l'humilité, la patience et la bienveillance. Je me suis rendu compte que la vertu ou droiture morale n'était pas un trait de caractère acquis à la naissance ou même une question d'éducation. Adopter des comportements vertueux, c'est sensiblement une question de choix. C'est moi qui décide d'adopter telle ou telle valeur, tel ou tel comportement. En intégrant un cadre moral dans ma vie, je décide de favoriser le développement de l'être supérieur et je dis non à l'être inférieur.

Les ailes du courage

Le courage est cette capacité qu'a l'individu d'être ferme et persévérant devant le défi ou le danger. C'est la force et la conviction de son intention. C'est la ténacité devant l'incertitude et la difficulté. J'en suis venu à comprendre que le courage était une vertu essentielle. Sans le courage, je ne serais pas en mesure de surmonter les obstacles sur mon chemin. Sans le courage, je ne serais pas en mesure d'atteindre mes buts et de réaliser les rêves qui me sont chers. Alors, je choisis d'être courageux. Non pas parce que le courage me vient naturellement mais parce que je choisis d'être courageux. Je me donne cette possibilité. Aujourd'hui, je me donne le courage dont j'ai besoin pour gravir cette montagne devant moi.

Attendre calmement

«L'important c'est de savoir comment prendre toutes les choses calmement.»
— MICHAEL FARADAY

La patience, cette disposition d'esprit de celui qui sait attendre calmement, me demande un travail constant. Je n'ai jamais aimé attendre. J'ai toujours voulu atteindre mon objectif, avoir ma réponse et obtenir ce que je désirais, rapidement. Mais aujourd'hui, je comprends mieux l'importance de la patience. Je dois être en mesure d'être bien, calme et attentif et être capable d'attendre que certaines choses se manifestent. La patience ne doit pas être une forme de torture mais plutôt un jeu que je joue avec le temps. Je dois pouvoir garder mon sang-froid jusqu'à ce qu'une occasion se présente.

Afin de devenir un ange

«C'est seulement en donnant que l'on se possède complètement. Tout ce que l'on est incapable de donner finit pas nous posséder.»

— ANDRÉ GIDE

La générosité aide l'homme à s'élever au-dessus de son propre intérêt, passager ou non. En observant, il peut voir l'autre et lui donner une place dans son cœur. La générosité est noble. Elle rend l'être humain plus large et lui confère des qualités quasi angéliques. Oui, je peux pardonner à mes ennemis et à ceux qui m'ont causé du tort. Oui, je peux m'élever en partageant mon temps, mes biens et mon intelligence avec ceux qui croisent mon chemin. Aujourd'hui, j'intègre la générosité dans ma vie de tous les jours et je tends la main à ceux qui cherchent et demandent mon aide.

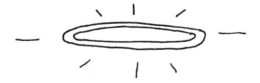

Ouvrir son cœur

«Celui qui ne correspond pas à l'image que l'on se fait de qui mérite d'être aimé — la mendiante dans le parc, le drôle de zigoto qui roule sur un tricycle décoré de fanions — est justement celui qui, ne cadrant pas dans nos idées préconçues, nous force à élargir notre champ de vision et notre capacité d'aimer. Voyez si vous pouvez ouvrir votre cœur, non seulement à ceux à qui vous pouvez donner sans effort, mais à ceux qui en ont aussi besoin.»

— DAPHNE ROSE KINGMA
Le Petit manuel de l'amour

Lorsque j'ouvre les yeux le matin, et bien avant que je me lève, je prends la résolution de faire le bien. Ma bienveillance jette une lumière douce sur le monde et le rend plus beau et plus vivable. Je suis la personne que je veux être lorsque je suis bienveillant. Je me réconcilie avec la vie et j'accorde de l'importance à tous les petits gestes et à tous les petits mots et je suis bienveillant. Quel travail d'ange je me confie, lorsque je me demande d'être bienveillant. Quelle récompense intérieure je ressens lorsque je fais le bien!

Nos allégeances

La fidélité, cette constance des sentiments envers soi-même, ses principes, ses allégeances, ses êtres aimés, doit être le fondement de l'amour véritable. Comment pourrais-je parler d'amour, d'amitié, d'appartenance et de famille, sans parler de fidélité? Comment pourrais-je me regarder dans la glace si je ne suis pas fidèle à mes propres idéaux, à mon propre savoir, à mes propres principes? Comment pourrais-je demander le respect de ceux qui m'entourent si je n'embrasse pas la fidélité comme vertu première. Voilà le ciment qui soude toute relation, qui scelle tous les contrats, qui lie toutes les familles. Cette vertu si chaude, si proche et si fragile, doit être ma première promesse, ma première réponse, ma première idée.

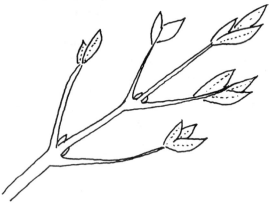

Respecter sa parole

«Ce que nous faisons aujourd'hui, en ce moment, aura un effet cumulatif sur tous nos demains.»
— ALEXANDRA STODDARD

Avec mes mots, je m'invente, je me crée et je crée la réalité autour de moi. Ma parole est tout ce que je possède réellement dans ce monde. Lorsque je donne ma parole, je donne mon honneur, mon engagement et je livre finalement la force de mon intention et de ma mission. Lorsque je brise ma parole, je me trahis profondément et je gaspille ma force. Je comprends maintenant l'importance de respecter ma parole. C'est une question d'honneur et d'intégrité personnelle.

Marcher dans les souliers de l'autre

La liberté et la tolérance sont si intimement liées que l'une ne peut exister sans l'autre. Comment puis-je être libre si je ne peux pas admettre la liberté d'autrui, si je ne peux pas supporter la différence? La tolérance est synonyme de largesse. La tolérance ne peut pas vraiment être imposée par la loi et la force. Je peux choisir d'être tolérant et de respecter la différence qui m'entoure. Je peux laisser les gens être eux-mêmes. Cela peut seulement m'enrichir et me stimuler. Aujourd'hui, je suis tolérant car la tolérance m'apparaît comme étant la première forme d'intelligence sociale.

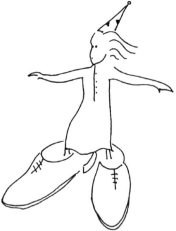

Le civisme

«Ne nous satisfaisons pas de simplement faire don d'argent. L'argent ne suffit pas; l'argent peut se trouver. Ils ont plutôt besoin de vos cœurs qui les aiment. Propagez l'amour sur votre chemin!»

— MÈRE TERESA

Le civisme doit régner dans nos villes, dans nos communautés et dans nos familles. En étant civilisé, j'admets mon appartenance à ce groupe, j'admets que chaque membre de ce groupe est mon frère et qu'il appartient à part entière à ma famille. Je ne peux accepter que le civisme disparaisse d'un petit coin du monde ou de la planète toute entière. En étant civilisé dans ma vie quotidienne, je tisserai des liens d'amitié et d'affection qui rendront ce monde meilleur.

Encore un peu plus loin

La persévérance, cette capacité de pousser, de se frayer un chemin vers le sommet, de dire non au réflexe qui incite à abandonner, sera toujours utile dans les entreprises qui en valent vraiment la peine. Je peux atteindre tous mes objectifs. Je peux réaliser mes rêves. Je peux vivre tout ce que je dois vivre. Et la persévérance en est la clef. Quand les faibles et les fainéants auront laissé tomber depuis longtemps, je me donnerai comme mission de continuer jusqu'au bout même lorsque j'aurai mal ou faim, car la persévérance porte en elle les fruits du succès.

Les rêves

«Nos rêves de jour - aussi bien que nos rêves de nuit - peuvent faire que des voeux impossibles se réalisent. En fait, ils peuvent avoir une influence sur ce que nous ressentons.»

— JUDITH VIORST

On ne peut pas devenir un peintre célèbre du jour au lendemain, mais pourquoi ne pas transformer une pièce de la maison en studio et verrouiller la porte une heure ou deux les week-ends. On ne peut peut-être pas retourner à l'université à temps plein, mais avec un cours par semestre, on finit par obtenir un diplôme. Accepter qu'on ne peut tout faire, ne signifie pas abandonner complètement ses rêves.

Personne ne peut tout faire mais en se concentrant sur la façon de réaliser nos rêves, on y arrivera, petit à petit.

L'être supérieur

«Le mot latin agape désigne la compréhension et la bonne volonté rédemptrice à l'égard de tous les hommes. Il s'agit d'un amour débordant qui n'attend rien en retour. Les théologiens diraient que c'est l'amour de Dieu qui régit le cœur humain. Lorsqu'on aime de la sorte, on aime tous les hommes non pas pour eux-mêmes, mais parce que Dieu les aime.»
— MARTIN LUTHER KING, FILS

Lorsque je choisis de favoriser l'être supérieur, je choisis de favoriser ce qui est noble, généreux et magnanime en moi. Je dis non à la gratification du moment et je dis oui à la justice et à la beauté. Je peux être grand. Je reconnais le moment où je m'élève à un plus haut niveau de fonctionnement et où j'abandonne le besoin d'avoir raison et de gagner. Je reconnais celui où je choisis de favoriser le bien et celui où je me dépasse pour être plus grand. Il y a des situations qui me demandent de laisser tomber une position ou un point de vue particulier et d'agir de façon plus généreuse et plus noble. Lorsque je me dépasse de cette façon, j'éveille en moi l'être supérieur. J'accueille la grandeur dans ma vie et je suis très différent.

Être vrai

«La force se manifeste dans l'honnêteté féroce avec soi-même. C'est seulement lorsqu'on a le courage de faire face aux choses telles qu'elles sont, sans illusion ou déception, qu'une lumière pourra alors surgir de l'événement et nous guider sur le chemin juste.»

— LE I CHING

L'honnêteté, cette capacité de voir et de dire vrai, est la clef. Comment pourrais-je me frayer une place juste dans le monde sans être honnête avec moi-même? Comment pourrais-je fonder des relations et des amitiés durables sans être honnête avec les autres? Comment pourrais-je être heureux si je ne me donne pas entièrement à la vérité? Ceux qui choisissent le mensonge et la déception peuvent connaître le pouvoir pour un certain temps mais, tôt ou tard, ils deviendront les victimes de leurs propres manigances. En accueillant cette vertu de l'honnêteté, en faisant un pacte à jamais avec la vérité, je me donne la possibilité d'être, de grandir et de vivre heureux et sans regret. Aujourd'hui, je sais qu'en étant honnête avec moi et avec les autres, je crée un cadre moral qui me protège, me nourrit et m'élève au-delà des petits jeux.

Répandre l'harmonie

«Nos vies sont ponctuées de mots gentils et de gestes gracieux. Nous nous abreuvons aux expressions marquant une courtoisie élémentaire, du genre : «Veuillez m'excuser.» L'impolitesse, négation du sacrement de considération, est une autre caractéristique de notre société axée sur l'argent, carencée en spiritualité, sinon en plaisir tiré de l'existence.»

— ED HAYS

La gentillesse s'intègre simplement et facilement dans mes comportements de tous les jours. Je peux être gentil avec tous ceux qui croisent mon chemin. En étant gentil, je crée de l'harmonie autour de moi, j'accorde de l'importance à tous ceux qui m'entourent et je leur porte respect et amour. L'être réagit mieux à la gentillesse. Il désire et recherche la gentillesse dans tous ses rapports. La gentillesse ouvre le cœur et l'âme. Elle permet la communication et permet à l'affection d'apparaître et de fleurir. En étant gentil, je sème le bonheur et la facilité.

Un petit grain de divinité

«Pardonner, c'est voir la personne qui vous a offensé d'une manière entièrement différente. À travers les yeux de la charité et de l'amour. C'est une tâche difficile mais qui peut transformer une vie, puisque le pardon amène un nouveau souffle dans une relation et modifie la chimie entre les deux intervenants — de l'amertume à la douceur.»

— DAPHNE ROSE KINGMA
Le Petit manuel de l'amour

J'ai appris à pardonner car dans le pardon, il y a un grain de divinité. Le pardon est noble et bon. En pardonnant à ceux qui m'ont offensé, je laisse entrer l'amour dans mon cœur. Je laisse se dissiper la rancœur et la colère et je choisis la voie de la compassion. Je pardonne simplement pour pardonner. Je ne pardonne pas parce que j'ai entendu que le pardon était bon. Je pardonne car cette impulsion me permet de retrouver mon centre, me permet de centrer mon attention et mes efforts sur autre chose. Je n'ai pas le temps ni le désir d'entretenir des pensées lugubres. Je cherche à être libre, donc je pardonne parce que je suis libre.

Tous ces petits gestes

«La délicatesse, ce merveilleux élan du cœur de la race humaine, se manifeste de la façon la plus significative dans les petits gestes.»

— MARY BOTHAM HOWITT

La politesse et la courtoisie ont été inventées pour adoucir le monde et le rendre plus beau et plus merveilleux. La courtoisie ne prend que quelques instants et implique des gestes très simples: prendre quelques instants pour saluer quelqu'un; laisser passer quelqu'un devant moi dans la file; offrir mon siège dans le bus. Je n'ai guère besoin d'être riche pour être courtois. La courtoisie est simple et remplit mon cœur d'une petite joie discrète. Aujourd'hui, je serai courtois avec tous ceux qui croisent mon chemin car cela me fait plaisir.

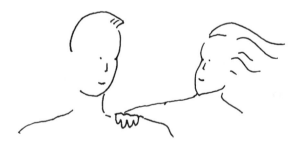

Tendre la main

«Peut-être qu'un voyage n'est pas tant un voyage dans le temps, ou un voyage dans l'espace, mais un voyage dans la présence. La plus grande distance que l'on peut parcourir est celle qui nous sépare de la personne qui est près de nous.»

— NELLE MORTON

Je peux me laisser toucher par l'autre. Je peux être présent et sensible aux besoins, aux sentiments et aux difficultés des autres. Parce que je suis un être humain, je peux connaître ce que vit mon semblable. La compassion ne peut être passive. Je dois pouvoir réagir et venir en aide à ceux qui me tendent la main. Parfois, la compassion ne demande qu'un regard tendre et compréhensif. Parfois, elle demande plus. Elle demande surtout que je puisse me mettre dans les souliers de l'autre pour comprendre et pour partager.

Le cœur gracieux

Pour moi la grâce signifie plusieurs choses. Être gracieux signifie pouvoir donner ou recevoir simplement, sans arrière-pensée. Être gracieux signifie pouvoir être large et accorder plus de temps, plus d'espace ou le bénéfice du doute à quelqu'un. Être gracieux signifie garder la tête haute dans toutes les situations, conserver son discernement et son détachement malgré tout. Être gracieux signifie se déplacer simplement, sans heurter qui que soit, faire attention à la sensibilité des autres et respecter leur vécu. Cette définition est encore partielle mais elle communique l'essentiel désir d'être généreux, respectueux et cordial envers les autres en se comportant avec délicatesse, discernement et honneur.

Aujourd'hui, je cherche à être plus gracieux car cette qualité mène directement à l'estime de soi et à l'harmonie avec les autres. En étant gracieux, je peux passer d'une situation à l'autre avec dignité et avec honneur. En étant gracieux, je peux donner et je peux recevoir librement. Je peux me laisser aider et aimer par les autres. Je peux accorder de l'aide à tous ceux qui croisent mon chemin.

La lumière du discernement

Le discernement, cette capacité de juger sainement et clairement les choses, est mon arme dans ce travail de développement personnel et de croissance spirituelle. Comment puis-je faire la différence entre le bien et le mal sans discernement? Comment puis-je déceler la vérité dans les événements sans la lumière perçante du discernement? Comment puis-je m'entourer de gens sains et aidants sans discernement? Le discernement se développe. Lorsque je m'écoute et que je suis réceptif aux messages qui proviennent de mon for intérieur, je peux choisir et agir avec discernement. Parfois, je devrai prendre une pause, faire une prière ou méditer avant de pouvoir éveiller ce discernement. Mais cela vaut toujours la peine car avec cette arme je pourrai faire des choix justes et éclairés.

J'ai en moi un savoir profond. C'est de ce savoir profond que vient mon discernement. Aujourd'hui, je serai à l'écoute de ma sagesse profonde et je choisirai avec discernement.

La douceur

«Je crois que l'homme fera plus que durer; il prévaudra. Il est immortel, non pas parce que de toutes les créatures il est le seul dont la voix est infatigable, mais parce qu'il a une âme, un esprit capable de bonté et de compassion.»

— WILLIAM FAULKNER

La douceur sera toujours plus perçante, plus pénétrante que la force brute. Comme l'eau démontre sa force dans le fait qu'elle ne résiste pas mais peut de par son action transformer la pierre en sable, les plus grandes victoires sont obtenues avec douceur. La douceur me permet d'apprivoiser et de faire fondre toute résistance. En étant doux, je laisse les choses et les êtres m'approcher et je les touche profondément.

Aujourd'hui, je rends hommage à la douceur. Je baisse les armes et j'adopte la douceur dans mes comportements quotidiens.

La simplicité

«Tout ce dont on a besoin pour ressentir que le bonheur se trouve ici et maintenant, c'est d'un cœur simple.»

— NIKOS KAZANTZAKIS

En vivant sainement sa vie et en appliquant tous les jours des valeurs sûres comme le respect, la compassion, le civisme et l'honnêteté, la vie devient beaucoup moins complexe.

Lorsque je me donne librement et que je pars avec l'intention de faire le bien, comment pourrais-je être victime de la morosité et de l'angoisse? Si je suis fidèle à mes principes et tenace devant l'adversité, comment pourrais-je dévier de mes objectifs? La majorité des problèmes auxquels je fais face ne peuvent pas résister à mon regard perçant. Je suis l'auteur de tout ce que je ressens et de tout ce que je vis. Alors comment est-ce que je pourrais demander à un étranger de quelle façon je dois penser et vivre ma vie?

La compétence

*«Ce n'est pas en faisant les choses que l'on aime,
mais en aimant celles que l'on doit faire qu'on découvre les bénédictions de la vie.»*
— JOHANN VON GOETHE

Je définis la compétence comme étant la capacité de
mener à bien un projet ou une tâche, de façon efficace
et en obtenant des résultats supérieurs. Cette vertu
résulte essentiellement d'un engagement à l'excel-
lence et de la capacité de se donner entièrement à
notre travail ou à notre vocation. La compétence suscite le respect et l'admiration: on peut y associer une
forme d'esthétisme, la beauté, qui réside dans le travail d'un artisan, d'un vrai professionnel, d'une âme
dévouée. Je crois que la compétence est une vertu que
l'on acquiert quand on désire vraiment aider et servir
les autres, quand on est fier d'un travail qui vise la
perfection. La compétence emplit l'individu de fierté
et d'estime en lui donnant un certain pouvoir, de
même que la possibilité de faire une différence dans la
vie des gens qu'il ou qu'elle touche. J'intègre la compétence dans ma vie professionnelle. Je me donne
entièrement à mon travail et je cherche constamment à
perfectionner mes habiletés. J'aime mon travail et je
m'aime lorsque je le fais bien.

Respecter ses engagements

Nous recherchons tous ces rares personnes qui respectent leurs engagements. Ces braves sur lesquels on peut compter en tout temps et qui nous appuieront dans les moments difficiles. Être digne de confiance n'est pas une qualité innée, elle s'acquiert avec la sagesse et fait partie des valeurs fondamentales qu'une personne adopte ou non.

Respecter ses engagements est une vertu supérieure qui allie le courage, le discernement, la responsabilité et la justice. On respecte nos engagements quand on connaît le poids de sa propre parole, que l'on est fidèle à soi-même et à ses principes et que l'on accorde une grande importance à la nature des liens établis. Pour être digne de confiance, on doit choisir ses principes avant de choisir son propre intérêt.

Je respecte mes engagements. Lorsque j'établis un lien d'amitié, je suis prêt à supporter cette personne jusqu'au bout. Mes proches, mes amis et mes associés savent qu'ils peuvent compter sur moi.

La bonté

«La bonté tient à ces petits riens ou ces grands gestes que l'on pose apparemment sans raison, qui semblent inexplicables sinon que, sous l'impulsion du moment, le meilleur de soi parvient à une apothéose.»
— DAPHNE ROSE KINGMA
Le Petit manuel de l'amour

À chaque jour, nous entendons parler d'actes insensés de violence. Nous devenons de plus en plus insensibles à ces phénomènes en vivant dans l'espoir que nous et nos proches n'en seront pas un jour les victimes. Bien que nous comprenions mal les causes spécifiques de cette violence gratuite et perverse, nous savons que les drogues, la pauvreté et le désengagement progressif de l'État dans les domaines de la santé et du bien-être semblent avoir des effets de plus en plus importants sur la santé mentale des gens. Durant ces périodes de chaos, les gens de bonne volonté doivent agir à l'unisson pour contrer les effets néfastes de cette violence par d'incroyables gestes de bonté, de compassion et d'humanité. Nous ne pouvons pas y arriver en nous centrant sur nous-mêmes ou en combattant la violence par la violence. Aujourd'hui, j'accepte une plus grande part de responsabilité envers le monde dans lequel je vis. Je choisis de m'impliquer davantage dans ma communauté en faisant du travail bénévole pour venir en aide aux moins bien nantis.

La magnanimité

La magnanimité réfère à ces grandes âmes qui font preuve de clémence et de bienveillance envers les plus faibles et les moins fortunés. Ces êtres peuvent pardonner les injures et les imperfections car ils peuvent voir la profondeur de l'être. Ils sont bons et ils sèment la bienveillance sur leur passage. Je ne me suis jamais défini comme étant magnanime. Mais je peux aspirer à développer cette vertu. Pour le moment, je suis encore attaché à certaines considérations mais je vois le jour où je pourrai vivre librement et semer l'amour et la bienveillance par chacune de mes paroles.

Où sont passés nos chevaliers?

«Si vous prêtez assistance à quelqu'un, quelqu'un vous prêtera assistance, peut-être demain, peut-être dans cent ans, mais quelqu'un vous viendra en aide. La nature rembourse toujours ses dettes... Il s'agit d'une loi mathématique et la vie est pure mathématiques.»

— GURDJIEFF

On ne parle plus de galanterie de nos jours. On vit à une époque d'individualité et d'autonomie où chacun s'occupe de sa propre affaire. Il n'y pas si longtemps, on enseignait la galanterie dans nos familles et dans nos écoles. La galanterie était le plus souvent assignée aux gentilshommes qui savaient comment prêter attention et assistance aux dames avec des gestes quotidiens de courtoisie. Ces petits gestes apportaient une certaine noblesse à l'action humaine et servaient à adoucir les rapports entre hommes et femmes. Aujourd'hui, je ne me soucie pas de savoir si la galanterie est devenue «vieux jeu». Je suis galant envers les gens en leur prêtant mon appui et mon attention. Je fais attention aux petites choses qui rendent la vie plus facile et plus charmante. Je me comporte avec noblesse et avec grâce dans toutes les situations sociales.

L'économie

«Le pauvre cherche la richesse et le riche le ciel, mais le sage cherche l'état de tranquillité.»
— SWAMI RAMA

L'économie, l'art de bien gérer ses ressources en évitant les dépenses frivoles ou inutiles, est sûrement une vertu. Il faut beaucoup de sagesse pour utiliser judicieusement les ressources qui nous sont allouées car les forces qui nous incitent à dépenser et à consommer sont tellement grandes. Ce ne sont que ceux qui réussissent à gérer avec sagesse leurs biens qui finissent par atteindre un plus haut niveau de liberté et d'autonomie. Lorsque je parle de la vertu de l'économie, je ne veux pas dire qu'il faut être grippe-sou ou avare. Je parle plutôt de l'utilisation sage et judicieuse de mes ressources afin de conserver et de faire fructifier mon bien. Les ressources qui sont investies dans une entreprise afin de développer des produits valables font partie de cette vertu de l'économie.

Aujourd'hui, j'analyse ma situation et j'identifie les comportements qui favorisent l'économie. Je cherche à faire fructifier mon bien car je sais que de cette façon, j'atteindrai un plus haut niveau de liberté et d'autonomie.

La modération dans tous les plaisirs

La tempérance est cette vertu qui nous aide à reconnaître le danger des excès, le danger des extrêmes. Lorsqu'un être s'abandonne à un plaisir en particulier, il risque d'être piégé par ce plaisir et d'en devenir victime. Nous connaissons tous des individus qui sombrent dans les excès. Leur vie est un pur enfer. Ils vivent de souffrances et d'illusions.

J'ai moi aussi connu le fléau des excès et j'en ai payé le prix. Aujourd'hui, je caresse la tempérance car j'y retrouve mon équilibre. La tempérance c'est la sobriété, c'est la clarté de l'esprit qui me permet de voir que la chair est faible et que je ne pourrai pas grandir et vivre heureux dans un monde fait d'excès.

L'ouverture de l'enfant

Au fur et à mesure que l'on traverse des expériences difficiles de la vie, on peut progressivement choisir de se replier sur soi-même. Au fil des années et des expériences, on se centre sur soi-même et on connaît de plus en plus de difficulté à créer des ouvertures et à vivre pleinement. L'ouverture d'esprit doit sans doute être une vertu car la vie est remplie d'événements et de situations qui favorisent l'introversion. Seuls les êtres d'une grande ténacité peuvent y résister en gardant l'esprit ouvert à l'expérience créative.

En regardant un jeune enfant, on peut mieux saisir la nature fondamentale de l'ouverture. L'enfant vit une expérience créative avec la vie. Il touche, goûte, questionne et reste toujours émerveillé devant les diverses choses qui se présentent à lui. Parce que son esprit demeure constamment ouvert, il passe par toute la gamme des émotions et retrouve toujours la joie de la découverte.

Je peux retrouver cette spontanéité, cette joie de vivre de l'enfant. Je peux m'ouvrir aux êtres et aux expériences de la vie. Je peux rapidement passer à autre chose lorsque j'ai vécu une déception et retrouver mon ouverture et mon envie de jouer.

L'indulgence

«La qualité de l'indulgence ne se contrefait pas; elle tombe sur nos têtes comme la douce pluie du ciel; et elle est deux fois bénie; elle bénit celui qui l'accorde et celui qui la reçoit.»

— WILLIAM SHAKESPEARE

L'indulgence naît de notre capacité de voir grand et d'admettre notre responsabilité envers l'humanité toute entière. Il n'y a aucune créature qui échappe à ce champ d'amour, de compassion et de responsabilité qu'est l'indulgence.

Je n'ai pas encore atteint ce niveau de conscience, de responsabilité et d'amour pour exercer l'indulgence parfaite mais je prépare le terrain en me montrant indulgent dans ma vie quotidienne. En étant généreux, sincère et aidant, je montre mon indulgence. J'ai l'esprit large. Je peux partager ma bonne fortune avec ceux qui m'entourent ou avec ceux qui croisent mon chemin tout simplement.

Mes rêves

«Les deux pieds sur le sol, on ne peut pas apprendre grand chose sur le saut en chute libre.»
— JOYCE MAYNARD

Je crois que si je n'avais pas de rêves, ma vie ne serait que routine. Et plus que cela, si je n'ai pas de rêves, comment vais-je savoir si je m'approche de mon idéal de vie? Quelle sera mon inspiration pour continuer et pour bâtir une vie meilleure?

Aujourd'hui, je nourris mes rêves. Aujourd'hui, je laisse aller mon imagination et je vois mon avenir idéalisé se dérouler devant mes yeux. Cette capacité de créer mes propres rêves me donne espoir et m'inspire à chaque jour. Je sais que le plaisir n'est pas dans la réalisation mais dans la construction et dans le chemin que je poursuis pour les réaliser.

Rêver implique aussi le risque, car un rêve qui ne suscite pas l'action n'est qu'une illusion. Alors, je travaille tous les jours à transformer mes rêves en réalité. Pour moi, il n'y a aucune autre façon de vivre.

Aujourd'hui, je rêve et je cherche à réaliser mes rêves.

Faites à la main

*«Je suis laveur de vitres et j'ai une affection parti-
culière pour les fenêtres que je nettoie. Je connais leur
personnalité individuelle, leurs dépôts minéraux, les
mauvais joints et les trous percés par des carabines à
plomb. Je fais disparaître le moindre gâchis d'abeille,
les marques de visites de mouches et d'oiseaux dans
«mes» fenêtres, ainsi que tout dommage infligé par les
peintres. J'apporte mes cisailles et je taille les
arbustes et les plantes qui osent interférer avec mes
fenêtres. En faisant ma tournée, j'éprouve beaucoup
de satisfaction à voir mes vitres scintiller au soleil.»*

— LES PLAISIRS DE L'ÂME

Aujourd'hui, je vois qu'en travaillant de mes mains, je
retrouve mon harmonie intérieure. En faisant un travail simple, ma vie elle-même devient plus simple et
plus limpide. Les tracas disparaissent et je retrouve ma
joie et mon bonheur.

Voir profondément

Les apparences peuvent être trompeuses. Un échec peut s'avérer une victoire si on sait comment en tirer une leçon. Un rejet peut nous permettre de passer à quelque chose de nouveau, la fin d'une relation intime signaler le début d'une nouvelle. Le changement est omniprésent dans nos vies. Nous ne devons pas rester accrochés à telle ou telle situation mais plutôt voir dans la fin de chaque expérience, le début d'une nouvelle.

Lorsque j'accueille le cycle naturel de la naissance, de la croissance, du déclin et de la mort, je ne vois pas la mort comme une fin mais comme un début. Lorsque la noirceur a fait disparaître la dernière lueur, peu après, la noirceur doit à son tour céder la place à la lumière. Je ne dois pas craindre la noirceur car elle porte en elle les semences de la lumière.

Choisir ou ne pas choisir

Nous sommes constamment sollicités pour donner, participer, acheter ou vendre des produits ou des services. On doit garder à l'esprit nos propres projets, nos propres objectifs, nos propres ambitions. Nous sommes entièrement libres de choisir si nous voulons ou non participer à quelque chose.

Je peux dire oui, je peux dire non, je peux dire peut-être ou je peux dire que je ne suis pas en mesure de choisir en ce moment. J'ai tout un éventail de possibilités. Et je garde en tête que j'ai mes propres priorités. Aujourd'hui, je sais que je suis libre de choisir et je peux aussi m'abstenir de faire un choix.

Chaque instant est nouveau

Aujourd'hui, je sais que chaque instant apporte avec lui de nouvelles possibilités, une nouvelle fenêtre à travers laquelle je peux regarder. Chaque instant de ma vie, je vis pour constater la beauté autour de moi et pour y contribuer à ma façon.

Aujourd'hui, je sais que je me renouvelle à chaque instant. Je prends plaisir au fait que tout change. Tout est en perpétuelle mutation. Je ne résisterai pas à ce courant et je me laisserai emporter tout doucement par le flux de la transformation.

La fontaine de Jouvence

Ah! Qui n'aimerait pas boire à la fontaine de Jouvence et pouvoir bénéficier d'une éternelle jeunesse? Peut-être qu'au cours des décennies et des siècles passés dans ce corps, pourrai-je réaliser mon idéal de vie, trouver l'âme sœur, visiter tous les lieux ici sur terre et conquérir le monde. Mais combien de temps cela prendra-t-il avant que je ne me lasse de cette existence? Cent ans? Deux cents ans? Trois cents ans? Après tout ce temps passé seul avec moi-même, n'aurai-je pas envie de tout laisser tomber et d'aller vers le paradis pour enfin trouver mon repos? À bien y penser, je crois que je ne boirai pas à cette fontaine car j'aime cette danse, de la naissance à la mort, qui me donne tout le temps dont j'ai besoin pour découvrir qui je suis et où je vais.

Le besoin de consolation

«Bien plus que nous ne voudrions le reconnaître, la vie ressemble parfois à une tragédie. Nous avons tous à subir des poids qui sont parfois trop lourds à supporter; nous avons tous des peines et des problèmes de cœur qui nous amènent au seuil d'une douleur qui semble insupportable. Il arrive que ce que nous ressentons ou ce que nous vivons est sur le point de nous dévorer... de nous détruire! Lorsque nous reconnaissons ce fait, nous reconnaissons à quel point nous avons tous un immense besoin de consolation. Face à tous les événements tragiques qui nous entourent, nous ne pouvons rien faire d'autre que de tenter d'offrir la guérison, même lorsque nous ne nous sentons pas équipés pour le faire. Mais quel que soit le degré d'inaptitude du geste, il est sûr de toucher le point de douleur et d'offrir une consolation.»

— DAPHNE ROSE KINGMA
Le Petit manuel de l'amour

Aujourd'hui, je ne laisse pas mes amis dans l'abandon. Je tends la main. Je sais qu'en consolant une peine, j'en récolte les bienfaits.

Où sont passés les parents critiques?

Il vient un moment dans la vie où l'on n'entend plus la critique. On ne peut plus entendre les mots moralisateurs qui nous expliquent comment vivre notre vie. On vit notre vie comme on l'entend. Même les enfants sont très peu réceptifs à la critique et à la punition. Il peuvent évidemment avoir peur des parents critiques qui les menacent de punitions, mais l'être véritable ne réagit pas tellement à la critique et à la culpabilisation. L'être véritable recherche l'encouragement, l'appui, l'amitié, l'amour, les conseils constructifs. Face à la critique, il se replie et se cache. Les parents critiques ne cessent de se plaindre et de culpabiliser mais ils obtiennent très peu de résultats. C'est pourquoi je ne suis pas un parent critique envers moi-même ou envers les autres. Cela ne fonctionne tout simplement pas. Aujourd'hui, je m'encourage et je m'entoure de véritables amis.

La réponse est en moi

«On trouve toujours ce que l'on cherche. La réponse est toujours présente et, si on lui en donne le temps, elle se révèle à nous.»

— THOMAS MERTON

Par la voie de la prière ou de la contemplation tranquille, on finit toujours par trouver des réponses à nos questions. En se posant une question, on lance une profonde interrogation à notre esprit. L'esprit, notre être véritable, cherchera et sera en mesure de répondre. Cette réponse pourra se manifester dans nos rêves, dans le déroulement des événements ou par une intuition profonde. Nous possédons tous une sagesse qui est à notre disposition à tout moment. Il s'agit de s'interroger et ensuite d'attendre patiemment la réponse.

Je mérite le respect

«Personne ne peut vous faire sentir inférieur sans votre consentement.»

— ELEANOR ROOSEVELT

Nous avons tous constaté, un jour ou l'autre, que certaines personnes manquent de respect à notre égard. Et cela peut arriver à tout le monde. Manquer de respect est pour plusieurs un moyen de s'affirmer. Plutôt destructive, cette approche ne sert qu'à procurer une illusion de contrôle et de supériorité. Dans ces cas, il peut sembler que rien de ce que l'on dise ou fasse ne puisse changer la manière dont cette personne nous traite. Absolument rien de nous ne semble leur plaire. Et souvent, ils poursuivent leur dévalorisation jusqu'à ce que nous nous mettions en colère. Par contre, d'autres personnes peuvent nous manquer de respect et se raviser en s'excusant de leur comportement. Très tôt dans la discussion, nous réalisons à quel genre de personne nous faisons face. Dans les deux cas, la confrontation ne sert à rien. Il faut simplement signifier la transgression, ou mettre fin à la discussion.

Aujourd'hui, je demande le respect. Si des personnes me manquent de respect, je tente de rectifier la situation. Si cela ne change pas, je m'éloigne de ces relations toxiques.

Ma merveilleuse entité

Maintenant, je laisse paraître ma bonté naturelle. La bonté crée des espaces de joie et de liberté dans notre vie. En étant bon, nous nous élevons au-delà de la lutte pour la survie ou de la recherche du succès matériel. Je vis consciemment pour créer un monde vivable pour les vivants.

Lorsque j'affirme qui je suis fondamentalement, c'est que je sais quelle est mon essence. Je cherche de plus en plus à exprimer cette essence qui est en moi. J'enlève progressivement toutes les couches, toutes les choses qui ne sont pas moi et je découvre la belle et merveilleuse entité que je suis.

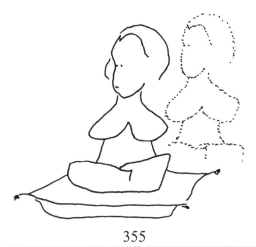

355

Vivre ensemble

«Une relation est toujours bien plus que ce que l'on imagine ou ce à quoi l'on s'attend. C'est plus qu'un arrangement vital, plus qu'une union de circonstances sociales, plus qu'une romance de feux d'artifices; c'est la réunion de deux personnes dont les esprits participent mutuellement, dans la beauté et dans la douleur, dans le processus inexorable de leur cheminement individuel.»

— DAPHNE ROSE KINGMA
Le Petit manuel de l'amour

Vivre ensemble, ou partager sa vie avec quelqu'un d'autre, implique un profond désir d'être en communication et d'être un participant actif dans le développement de l'autre. On peut vivre avec quelqu'un sans être en relation, partager un espace sans avoir la possibilité d'être sur la même longueur d'onde. On est en relation lorsqu'il n'y a pas de distance entre les êtres, lorsque l'un peut ressentir l'autre dans sa peau, vivre ses aspirations comme s'il s'agissait des siennes. Il est parfois difficile de supporter cette proximité, cette dissolution de frontières. Mais nous pouvons partager nos vies sans perdre le sens de notre propre individualité. Voilà le défi du couple: venir s'installer tout près de quelqu'un sans lui demander de devenir comme nous.

Choisir son fardeau

«La liberté c'est de choisir son fardeau.»
— HEPHZIBAH MENUHIN

Un jour, j'en suis venu à comprendre que j'allais devoir servir une cause. J'allais devoir choisir un côté ou l'autre. Je ne pouvais pas rester assis sur la clôture. Je pouvais choisir entre servir mon propre intérêt et ignorer les injustices, les mensonges et les souffrances d'autrui ou servir mes frères et sœurs en jetant la lumière de ma propre conscience sur le monde qui m'entoure. J'ai choisi d'assumer mes responsabilités envers ma famille, ma communauté et la race humaine car, ultimement, j'ai vu que cela serait plus facile puisque je n'aurais pas à lutter contre mes convictions.

Les relations saines et durables

«Aucun lit n'est suffisamment grand pour trois.»
— PROVERBE ALLEMAND

Les relations que je vis doivent être saines. Cela veut dire que chaque personne impliquée dans la relation travaille à ce que la relation soit agréable et épanouissante. En communiquant franchement mes sentiments à l'autre, je lui donne l'heure juste sur ma perception de la relation. Plus la communication entre les deux est claire et franche, plus la relation a des chances de durer et de maturer, dans l'amour et la compréhension. Une relation est comme un pain que l'on fait tous les matins. La bonne dose de levure et une pâte bien pétrie, un four chauffé à la bonne température et un temps de cuisson précis, font de ce pain un vrai délice que l'on partage avec joie. Dans le cas d'une relation, en communiquant mes sentiments et en témoignant mon amour, en respectant l'autre pour ce qu'il est et en l'écoutant lorsqu'il parle, je permets à la relation de s'épanouir et durer.

Aujourd'hui, je me donne le droit de vivre une relation saine et durable. Je travaille à ce que cette relation soit un succès. Sans m'acharner, je crée des relations où l'amour, la communication, les sentiments et l'être véritable circulent librement, inconditionnellement.

Vouloir ce qui nous appartient déjà

«Le bonheur n'est pas d'obtenir ce que vous voulez, c'est de vouloir ce qui vous appartient.»
— ORIGINE INCONNUE

Il existe un petit secret pour vivre heureux tous les jours: désirer ce que vous avez déjà! Cette notion peut paraître un peu farfelue dans une société qui prône que le bonheur augmente au fur et à mesure que l'on accumule des biens matériels. Mais beaucoup de gens se rendent maintenant compte que cette notion est tout à fait fausse. Le bonheur n'a aucun rapport avec la consommation.

Cette conviction que l'on doit consommer pour être heureux nous projette inévitablement dans une spirale incessante de désirs non assouvis. Par contre, la personne qui peut être heureuse avec ce qu'elle possède déjà a réussi à briser ce cercle vicieux. Elle se contente de vouloir ce qu'elle a.

Un monde rempli d'imperfections

Oui, en effet, le monde est rempli d'imperfections. Mais que ferais-je dans un monde parfait, assis sur mon petit nuage à jouer de la harpe à longueur de journée? De la façon dont les choses tournent actuellement, il y a encore beaucoup à faire, beaucoup de zones à embellir et de rêves à réaliser. Oui, nos sociétés sont remplies d'imperfections. Mais je suis tout de même heureux et je vois qu'il y a des choses que je peux faire. Je me considère chanceux de pouvoir vivre en cette époque, dans ce monde, et j'accepte le défi.

Aujourd'hui, je me réjouis des imperfections car je sais que je pourrai faire quelque chose pour rendre ce monde meilleur.

Être au service d'autrui

«La vie nous apprend que tout ce qui vaut vraiment la peine d'être fait est ce que nous faisons au service d'autrui.»

— LEWIS CARROLL

Aujourd'hui, je suis au service d'autrui. Je vois que la vie est plus remplie et plus riche lorsque je me donne et que je suis disposé à rendre service aux autres. Je ne suis pas venu ici pour moi seulement mais pour contribuer au bonheur des autres. Lorsque j'aide quelqu'un, je remplis ma mission divine. Lorsque je rends service à autrui, j'avance sur le chemin du bonheur et de la sérénité.

La bonté extraordinaire

«Si nous n'aimons pas le monde dans lequel nous vivons, il existe toujours l'option de créer le monde que nous désirons par nos actes de bonne volonté.»
— MELADEE ET HANOCH MCCARTY

Nous avons tous nos obligations. Et déjà, en s'acquittant de façon responsable de nos propres responsabilités, nous contribuons à l'ordre des choses. Nul ne pourrait nous critiquer ou nous en vouloir d'être un père de famille responsable, une bonne mère de famille, un bon travailleur, un collègue fiable ou une enseignante dévouée.

Mais lorsque nous nous éloignons des obligations quotidiennes et que nous sortons de ce cadre pour accomplir des gestes de bonté spontanés et gratuits, notre vie devient en quelque sorte une contribution extraordinaire.

Peu de gens peuvent se vanter d'avoir accompli des gestes de bonté extraordinaires. Mais on doit savoir qu'il existe une sphère d'action qui dépasse la quotidienneté, qui dépasse l'ordinaire et qui vibre de compassion et d'amour. Nous avons tous la possibilité d'œuvrer dans cette zone.

Les plaisirs de l'âme

«On n'éprouve pas beaucoup de plaisir à prendre des remèdes, par contre un très bon remède est le plaisir.»
— JOSH BILLINGS

Aujourd'hui, je me laisse aller aux simples plaisirs de la vie. Je me récompense pour tout ce beau travail que j'ai fait tout au long de l'année. Je me félicite pour la belle personne que je suis et pour cette belle évolution que j'ai faite au cours des derniers mois. Aujourd'hui, je me ferai un cadeau et je me remercierai pour ma patience et pour l'amour que je manifeste. Je sais que je peux me gâter un peu aujourd'hui, alors je ferai des activités qui me feront plaisir.

Respecter les différences

Aujourd'hui, j'accueille mes différences et celles des autres. La différence et la diversité sont fondamentales à deux choses: l'aventure et l'apprentissage de la beauté. La différence me permet d'explorer et de découvrir de nouvelles expériences, de nouveaux territoires. La différence est source de fascination et de beauté. Lorsque je vois quelque chose de différent et d'original, je suis attiré et fasciné par cette différence. Aujourd'hui, je sais que mes yeux et mon âme cherchent la différence et que la différence me cherche. Je suis heureux de savoir que devant moi, il y a un monde de différences à découvrir et à explorer.

Reconnaître un arc-en-ciel

«Nous avons tellement de facilité à blinder notre cœur contre la souffrance qu'il en vient à ne plus éprouver les délices des miracles quotidiens. Je considère que les arcs-en-ciel sont en quelque sorte des cartes de vœux que Dieu nous envoie pour nous dire qu'il nous aime et nous entoure, bien que nous ne le voyons pas. Ces messages divins, écrits avec la lumière et les couleurs du prisme, sont présents partout, mais on peut les décoder avec les yeux du cœur. Ils se trouvent dans le sourire d'un enfant, un appel téléphonique imprévu, une idée nouvelle, un vieux couple qui se tient par la main.»

— SUE PATTON THOELE
Sagesse de Femme

Aujourd'hui, je peux discerner autour de moi ces petits arcs-en-ciel, ces petits messages de Dieu. Je les vois dans le visage de mes proches, dans le timide lever du soleil le matin, dans les yeux du chien qui m'accueille, dans le gazouillement des petits moineaux. Je suis ouvert à recevoir ces petits messages d'amour tout discrets, très personnels. Je suis émerveillé par la simplicité et par la beauté qui m'entoure. Je me laisse séduire par ces petits miracles quotidiens.

Créer un arc-en-ciel

Si j'ai les yeux pour percevoir les arcs-en-ciel autour de moi, je possède aussi le cœur et les mains pour en créer. Je place des arcs-en-ciel ici et là sur mon chemin pour que les autres les découvrent et soient, à leur tour, émerveillés par la beauté de la vie. J'écris des petits mots d'amour que je laisse sur l'oreiller de ma compagne; j'offre un poinsettia à ma vieille voisine pour le temps des fêtes, j'accepte de remplacer mon collègue de travail un peu plus tôt pour qu'il puisse aller faire ses emplettes de Noël, je fais un don de sang à la Croix-Rouge. Aujourd'hui, je crée à mon tour des arcs-en-ciel et j'exprime à ma façon l'amour de Dieu.

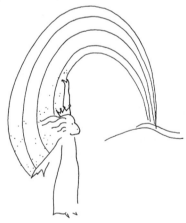

Trouver un appui

On a tous vécu des périodes où l'on avait besoin d'appui. Il n'est pas honteux ni anormal d'avoir besoin d'un soutien affectif ou financier. Nous avons été conditionnés à croire que demander était une forme d'humiliation et de défaite. Mais la vérité est tout autre. Il y a une forme de noblesse et de franchise dans une demande d'aide. J'ai dû, comme bien des gens, traverser des périodes très difficiles où l'argent se faisait rare. J'étais tellement entêté que je ne voulais l'aide de personne. Mais avec le temps, je me suis rendu compte qu'on peut, à tour de rôle, offrir et demander de l'aide.

Aujourd'hui, je te prête mon appui et demain ce sera à ton tour de me renvoyer l'ascenseur. Et si je n'ai jamais besoin de ton aide, tu auras l'occasion d'aider quelqu'un d'autre.

Partir à la rescousse

Je crois que dans chaque famille, il y a un illustre solitaire qui préfère célébrer le temps des fêtes seul. Il ne peut pas admettre que le temps de fêtes est une période plutôt pénible mais sa réticence en dit long. Évidemment, nous ne devons pas poser de jugement mais nous pouvons prendre le temps de lui communiquer qu'il est aimé et bienvenu dans notre foyer durant cette période et tout au long de l'année. Cet exilé par choix peut refuser notre offre de participer à la fête mais il sera tout de même touché par nos bonnes intentions et nos souhaits bienveillants.

La réconciliation

«Il n'existe aucun remède à l'amour, si ce n'est d'aimer davantage.»

— HENRY DAVID THOREAU

Noël est une journée de célébration familiale. Une journée consacrée à l'amour et à la mémoire de Jésus-Christ. Pour plusieurs, cette journée est magique car elle remplit leur cœur de joie et de tendresse envers leurs proches et l'humanité tout entière. Pour d'autres, la journée de Noël est extrêmement pénible car elle éveille en eux la douleur du passé, des ruptures de couples et de familles, de profondes déceptions et de la solitude. Lorsque Noël approche, ces gens sont peu à peu remplis d'angoisse et de tristesse. Que l'on soit ravi ou terrifié, personne ne peut être indifférent en ce jour car le monde tout entier s'arrête pour célébrer. En étant conscient que beaucoup de gens souffrent, on peut poser durant cette période, bien des actes de charité et de bienveillance.

Aujourd'hui, plus que jamais, le monde est assoiffé de gestes de compassion et de bonté. Je ne peux pas rester indifférent. Je dois sortir de chez moi pour aller voir ce que je peux faire pour venir en aide à autrui. Il y a tellement de personnes qui ont besoin d'aide et tellement de façons de contribuer.

Le mal de l'âme

Je crois qu'on confond parfois la souffrance émotionnelle avec le mal de l'âme. Lorsque l'esprit ne réussit
pas à s'exprimer, à trouver la confirmation de son
existence ou qu'il est mal nourri, cela peut occasion-
ner de la douleur. Cette douleur n'est pas émotionnelle
bien qu'on puisse y associer des émotions. C'est
plutôt un mal de l'âme. Mais il n'est pas facile de trouver une guérison pour le mal de l'âme. L'esprit, l'être
véritable, cherche à se manifester mais ne trouve pas
son expression dans la vie quotidienne de l'individu.
C'est une question de prise de conscience.

Une fois qu'on a déterminé qu'on souffre d'un mal de
l'âme, on doit ensuite chercher à répondre à cet appel.
Chaque individu trouvera sa propre façon de composer avec cela: la prière, l'art, la lecture, la participation
à un groupe de soutien, etc. Il existe diverses appro-
ches, certaines plus efficaces que d'autres, mais l'individu devra lui-même déterminer l'approche qui lui
permettra de rétablir son équilibre.

Un moment pour changer une vie

«Il y a des personnes qui marquent nos vies, même si cela ne dure qu'un moment. Et nous ne sommes plus les mêmes. Le temps n'a pas d'importance mais certains moments en ont pour toujours.»

— FERN BORK

En faisant la rétrospective de ma vie, je me suis rendu compte que certaines décisions, certaines rencontres et certains événements avaient été tout à fait déterminants dans mon évolution personnelle. Ces moments cruciaux sont venus transformer profondément le cours de ma vie. Quelques moments pour changer toute une vie! Quelques instants pour tout transformer à jamais! Ces moments si précieux et si rares qui se présentent ou sont créés par nous, se situent au carrefour de notre vie. Aujourd'hui ou demain, un de ces merveilleux moments pourrait se présenter dans ma vie. Et je me trouverais face à une décision importante qui marquerait mon existence jusqu'à la fin de mes jours. Je reste ouvert, donc, à ce grand moment parmi tous les moments que je passerai ici avec vous.

Soulignez les vertus de l'erreur

«Les enfants n'ont pas peur d'essayer de nouvelles choses; ils n'ont pas peur d'échouer et d'essayer encore. Alors, pourquoi nous, les adultes, sommes-nous si obsédés par l'échec — le nôtre et celui de nos enfants? Pourquoi est-ce si difficile de laisser nos enfants se classer dans la moyenne ou faire des erreurs? Pourquoi sommes-nous si angoissés dès qu'ils font des gaffes?

— JUDY FORD
Les Merveilleuses façons d'aimer son enfant

On croit peut être inconsciemment que nous devons toujours réussir et bien paraître dans toutes les situations. Cette croyance limite notre capacité de réussir car nous ne pouvons pas facilement reconnaître et accepter nos erreurs. De plus, ce besoin de réussir à tout prix vient gêner notre capacité d'agir librement et spontanément.

Aujourd'hui, je m'accorde la liberté d'action et je suis disposé à accepter mes erreurs. Je sais que si je commets une erreur, je serai en mesure de la reconnaître et d'ajuster mes comportements futurs. Je vois que la spontanéité et la liberté d'action sont plus importantes que de bien paraître.

Je fais le bilan

«Lorsque l'on a écarté tous les impossibles, on doit constater ce qui reste, aussi invraisemblable que cela puisse nous sembler, là se trouvera la vérité.»
— SIR ARTHUR CONAN DOYLE

Aujourd'hui, je fais le bilan de l'année qui tire à sa fin. Je regarde les choses froidement afin de constater si je suis réellement heureux et si les choix que j'ai fait m'orientent dans la bonne direction. Je fais un inventaire moral complet et je constate les bonnes choses que j'ai accomplies et les torts que j'ai pu causer. Si j'ai causé des torts, je cherche à voir comment je peux les réparer. Je prépare aussi une liste des choses que je désire accomplir durant la prochaine année.

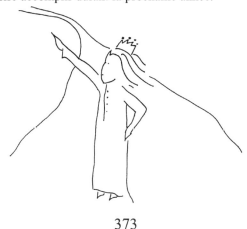

Je prépare mon cœur à la nouvelle

«Vous connaîtrez la vérité et la vérité fera de vous des hommes libres.»

— JEAN, 8 : 32

Aujourd'hui, je poursuis mon travail d'analyse et d'introspection afin de déterminer le cheminement que j'ai fait et le travail qu'il me reste à faire. Je crois que je peux atteindre le bonheur, donc je cherche à organiser ma vie en conséquence. J'analyse mes relations affectives et professionnelles et j'identifie celles qui contribuent à mon bonheur et celles qui le minent. Je développe un plan d'action en vue d'entretenir des relations saines et de mettre fin aux relations qui me sont néfastes. Je regarde comment je vais améliorer ma situation financière et ma qualité de vie au quotidien. Et je fais une liste des buts importants que je désire atteindre au cours de la prochaine année et à plus long terme.

Les résolutions de la nouvelle année

Plusieurs prennent des résolutions pour la nouvelle année. Ils cherchent à formuler des décisions pour mettre fin à d'anciennes habitudes, pour en développer de nouvelles ou pour réaliser des objectifs qui leur tiennent à cœur. Parfois, nous réussissons à tenir notre résolution, mais souvent, peu après la nouvelle année, nous mettons nos bonnes intentions de côté pour reprendre nos vieilles habitudes. La raison en est très simple: la décision ou la résolution est venue heurter une plus vieille résolution ou la puissante force de nos habitudes.

Avant de prendre une résolution, nous devrions évaluer l'effort nécessaire pour briser nos anciennes habitudes de même que le niveau d'intention et le désir réel de voir notre résolution se réaliser. Enfin, il est intéressant de déterminer les circonstances et les motifs qui nous ont incités à développer les habitudes ou les comportements que nous voulons changer. Ce petit travail nous permettra de préparer le terrain.